凛として生きる

キリスト教教育に
魅せられて

平塚 敬一

教文館

装　丁：田宮俊和
カバー写真提供：明治学院歴史資料館（オルガン写真）
和田道雄（著者近影）

まえがき

ここに本物のキリスト教教育者による渾身の言葉を届けることができることを、心から嬉しく思う。敬愛する平塚敬一先生は、明治学院を皮切りに、関東学院、横浜女学院、立教女学院、横浜共立学園、捜真学院等で実に半世紀以上にもわたって重責を果たされてこられた。キリスト教学校教育同盟においても、文字通り余人をもって代え難い存在であった。直近では、本書の最後に収載された二〇二二年六月に行われた第一一〇回キリスト教学校教育同盟総会における講演は、あらためて平塚先生の実に明確、明晰な洞察と指針に、拝聴した私たちキリスト教教育を担う者たち全員が震えを覚えつつ、感銘を受けた次第である。

本書は、第一章は「時をつかむ」として、平塚先生が毎月のように書かれたエッセイ、第二章が先生の豊かな聖書理解をもとに編まれたメッセージである「聖書一口レッスン」、第三章は、キリスト教教育をめぐっての講演四編で構成されている。

「時をつかむ」で丁寧に語られるのは、時々の社会的状況、諸課題に対し、私たちが大切にすべき視座である。天皇制や差別排外主義への抵抗、憲法の重要性、原発の問題をめぐるメッセージは、聖書における預言者のそれである。「みなと違っていたら不安、みなと同じ答えであるべき、という空気が今の日本社会のあちこちで見られるようになっている。同調圧力をかけたり、同調圧力に負けたりしないためには、自分を客観視する癖をつける、批判する力を養うことではないだろうか。正しい批判精神を失った社会は、全体主義に陥ってしまうだろう」という言葉を、今こそ、私たちは真摯なる反省とともに受けとめなければならない。

「聖書一口レッスン」を読んで驚くのは、平塚先生の聖書に対する深遠な理解である。この世界、時代、社会を切開し、時の徴（しるし）を読み解き、提示される先生の語りが厳しさと優しさを同時に併せ持つのは、それらがみ言葉に養われたものであるからにほかならない。「何度となくイエスを裏切った弟子たち。弟子たちは度重なる自分の弱さにほとほと嫌気がさしていたように思われる。『もう俺は駄目だ。とてもイエスの弟子であり続けることはできない』と観念していたはずだ。しかし、そんな駄目人間である自分たちを愛し、信じ、待ち続けていたイエスがいた。今私たちは、お互いに信じ合うことが難しい社会に生きている。イエスの温かいまなざしによって立ち直った弟子たちのように、私たちもイエスのまなざしを受けて互いに信じ合うようになりたい」。まさしく然り。アーメンである。

第三章の講演録は言うまでもなく、とりわけキリスト教教育関係者は必読である。「イエスの種まきのたとえでは、蒔かれた種の多くは絶望的にも成長できなかった。この厳粛な事実の前にキリスト教学校は謙虚でなければならない。しかし、ついに、すばらしい収穫があったと、イエスは語っている。聖書は『種を蒔き続け、耕し続けよ。そして、神にゆだねよ。収穫は確かである』と主張している」。この平塚先生の励ましを糧として、私たちも、これからも精一杯にキリスト教教育を担っていきたい。

キリスト教学校教育同盟理事長・立教大学総長　西原　廉太

凛として生きる

――キリスト教教育に魅せられて

目次

第二章　聖書一口レッスン

第三章　講　演

※本書での聖書の引用は『聖書　新共同訳』をもとにしています。

第一章

エッセイ　時をつかむ

『安心のファシズム』

早いものでもう、一二月末、何かと災害の多かった一年であったように思う。先日、箱根のホテルから夜空を見上げると冬の星座が輝いていた。満天に輝く星を眺めていると、この世の憂さも消えていくようだった。

今日本は曲がり角に来ている。その曲がり角は、戦前のように鋭角的でないだけに気づきにくい。私たちは、緩く曲がるカーブの連続があっても曲がり角にさしかかっていると気づかない。ある出来事が、曲がり角を曲がるには数年を要するからである。そのために曲がり角にあるにもかかわらず気づくことがない。角を曲がり切って、もはや後戻りできなくなって多くの人が、あの時を振り返って、あの時が曲がり角だったと気づく。その時では、「時すでに遅し」ということになる。

新年を前に斎藤貴男さんの『安心のファシズム――支配されたがる人びと』（岩波新書、二〇〇四年）を興味深く読んだ。斎藤さんは「ファシズムは、そよ風とともにやってくる。これまた珍しくない常套句だが、かつ、忘れられてはならない警句でもある。独裁者の強権政治だけでファシズムは成立しない。自由の放擲と隷従を積極的に求める民衆の心性ゆえに、それは命脈を保つのだ。不安や怯(おび)え、恐怖、贖罪意識その他諸々――大部分は巧みに誘導された結果だが――が、より強大な権力と巨大テクノロジーと利便性に支配される安心を欲し、これ以上のファシズムを招けば、私たちはやがて、確実に裏切られよう」と、あとがきに述べている。

今私たちは、ある種の「平和ボケ」に陥り、不穏な空気が起こりつつあるにもかかわらず、どんどん危険な方向に向かっていることに気づかない。

「あれも欲しい。これも欲しい。ローンでどんどん買っているうちに借金が膨らみ、気がつくと、首が回らなくなっていた」と、『東京新聞』(一二月四日)の「税を追う」という記事にあった。安倍政権はアメリカから戦闘機をはじめ高額兵器を次々と購入し、「ローン地獄」に陥っているという。払っても返済が追いつかず、二〇一八年度予算で残高が五兆円を超えたそうだ。しかも新しい防衛大綱や中期防衛力整備計画を発表、さらにアメリカ製の兵器を購入すると決めた。そのツケは国民に回ってくる。

斎藤さんは、七三年前と同質の「銃後」の空気を感じとり、権力の保護の下での「安心」を求めようとする社会の動きに警告を発している。

二〇一九年一月一日

ノーブル・スタボネス

一六二〇年、ピルグリム・ファーザーズと呼ばれるピューリタンは、メイフラワー号でアメリカ大陸をめざした。ピューリタンの中に宿っていたパイオニア精神が、「ノーブル・スタボネス」(Noble Stubbornness)であった。「スタボーン」は「開拓魂」という意味で、これに「ノーブル」という形容詞がついて「品格ある不屈の精神」となる。

昨年秋から始まったラグビーシーズンは終盤を迎えているが、ファンにとっては見ごたえのある試合が続いている。特に一月二日の大学選手権準決勝では、関西リーグ一位の天理大学がスクラムで押し込みトライを奪うなど大差で勝利し、常勝軍団帝京大学の一〇連覇を阻んだ。ノーサイドの笛が響くと、天理の選手たちは高々と両手を突き上げた。大学選手権での関西勢の優勝は、一九八四年度の同志社が最後である。明治大学との決勝で天理の勝利を期待したが力尽きた〔※天理大学は二〇二一年一月の大学選手権で優勝〕。

スポーツの中でもラグビーは激しい競技のひとつであり、ボールを持った選手にタックルして倒したり、双方が激突するスクラムで肩や腰を骨折することもある。しかし、ノーサイドといって試合が終わると互いに相手の健闘を称えあう。まさにラグビーは、スポーツマン精神を発揮して戦い、勝利者も敗者も誇りを失わない「ノーブル・スタボネス」にふさわしい競技である。

かつて立教大学総長吉岡知哉（よしおかともや）氏から「立教ラグビー宣言」があると教えられた。

1　ルールの有無に関わらず、常にフェアの精神で、自ら律してプレーします。
2　レフェリーの存在意義を正しく理解し、心から尊重します。
3　ノーサイドの精神を尊び、相手チームに心から敬意を表します。
4　アフターマッチファンクションは、その趣旨に則り、相手チームと積極的に交流します。
5　ホームゲームでは、必ずアフターマッチファンクション開催を提案します。
6　生涯、これらの精神を遵守します。

昨年、立教大学ラグビー部は対抗戦のA・B入れ替え戦で成蹊大学に敗れたが、この「立教ラグビー宣言」がある限り、立教ラグビーはいつの日かAグループに返り咲くであろう〔※立教大学は二〇二〇年度に対抗戦Aグループに復帰〕。

二〇一九年二月一日

寒梅

三年前から毎月二回、老人ホームで詩吟教室が始まり、腹から声を出すのは健康によいと出ることにした。毎回、四曲の宿題が出され、順番に吟じるのだが、ほとんど練習せずに出るため先生から「平塚さんは声がいいのだから毎日お稽古してください」と注意される。三〇年以上のキャリアのある方が朗々と吟じるのを聞いていると少しは努力しないと、と思うのだが、三日坊主となっている。

ホームでは「年忘れ演芸会」が行われている。昨年一二月二六日に手品、フラダンス、カラオケ、合唱などに交じって詩吟も披露することになった。詩吟の部では、男性の合吟「富士山」、女性の合吟「江南の春」、私の独吟「城山」、先生の「己亥の歳」で締めを飾った。昨年はＮＨＫの大河ドラマ『西郷どん』が放映されていたので、生まれ故郷の鹿児島に思いをはせ、「城山」を精一杯吟じた。西郷は西南戦争に敗れ、故郷城山で非業の死を遂げたが、今なお鹿児島の多くの人は西郷を敬慕してやまない。

二月最後の定例会では、先生から自分の好きな詩を吟じるように命じられた。二月にふさわしい新島襄の「寒梅」を吟じることに決めた。「庭上の一寒梅　笑って風雪を侵して

開く　争わず、また力めず、自ら占む百花のさきがけ」という詩である。寒梅は他の花よりも自分は美しく咲いてやろうとか、争ったりせず、自然と風雪に耐えながら、花を開いて、その年の最初に咲く花となっていくという意味である。梅の花のことを「花魁」というそうだ。

新島は、風雪を侵して咲いた寒梅を、厳しい試練や苦難に耐えて、他と争わず、ゆとりある態度を失わない人物にたとえたのではないだろうか。また、若き日の密航の体験を詠んだのかもしれない。

「寒梅」という詩は、新島がある学生に送った色紙の言葉「真理は寒梅に似たり、敢えて風雪を侵して開く」がもとになっているという。その意味は、苦難にくじけず、それに耐えるときに、苦難の中から真理が生まれるということであろう。

しかし、私など苦難に出会うと焦りが生じ、焦ると強情になり、強情が自らをだめにしてしまう。「寒梅」を吟じながら新島に思いをはせている。

二〇一九年三月一日

『掟の門』

四月は入学、入社など新しい門をくぐる時でもある。「狭い門からはいれ、滅びにいたる門は大きく、その道は広い」（マタイ七・一三、口語訳）という聖書の言葉はほとんどの人が知っている。入学にしろ、入社にしても努力することで門を開くことができる。ところが、決して入ることのできない奇妙な門について書かれた短編がある。

チェコ出身の作家フランツ・カフカの『掟の門』は、「掟の門前に門番が立っていた。そこへ田舎から一人の男がやって来て、入れてくれ、と言った」という書き出しである。その後も男は何度も許可を求めるが、いろいろな理屈で断られる。男は門の向こうに行ってみたかったのか何年も待ち続ける。屈強な門番とも親しくなり、気長に待つようにと椅子まで貸してもらうが、それでも門番の許可は下りない。

そして、とうとう男は死の時を迎える。男は門番に「この永い年月のあいだ、どうして私以外の誰ひとり、中に入れてくれといって来なかったのですか」と尋ねる。すると門番は「ほかの誰ひとり、ここには入れない。この門は、おまえひとりのものだった。さあ、もうおれは行く。ここを閉めるぞ」と答える。そして本書はこの門番の言葉で終わっている（池内紀編訳『カフカ短編集』岩波文庫、一九八七年）。

この短編について堀江敏幸氏は「文庫本でわずか四頁足らずの物語の、男と門番のあいだで交わされる禅問答にも似た会話に、なぜこれほどつよい印象を受けたのか。ほんとうのところよくわからない」（岩波文庫編集部編『読書という体験』岩波文庫、二〇〇七年）と述べている。

どうやらこの門は、通過するための門ではなく、通ることのできない門であった。しかも、それはこの男だけのものであって、他の人には何の意味もないものだった。その門をのぞき、その門に興味をもち、その門を通ることによってだけ、男はほかの誰でもない自分自身になり得るはずであった。つまり、その男しか通らない門なのに、その門はついに開かなかった。

五回目の日本語訳となる『聖書　聖書協会共同訳』が発刊された。マタイ七章一三節は「狭い門から入りなさい。滅びに至る門は大きく、その道も広い」という訳文になった。「門」とはなんとなく謎めいた言葉のようだ。

二〇一九年四月一日

天皇制

四月一日、新元号が「令和」と発表された。万葉集の梅花の歌からとられたという。私は「令」の字でお上からの「命令」が浮かび、「和」で「和を以て貴しとなす」を思い出してしまう。何やら現政権の政治的な思惑が見え隠れしてしかたがなかった。

平成の元号となって三一年、かつての戦争や天皇制に対する評価は当時と大きく変わってきているように思われるが、平成から新しい元号になる時に天皇制について考えてみてもよいのではないか。

憲法では「天皇は、日本国の象徴であり日本国民統合の象徴であって、この地位は、主権の存する日本国民の総意に基づく」とある。天皇は象徴であり、国民総意に基づいて承認されなければならない。今なおタブー視されている天皇制について国民一人ひとりが考えねばならぬと憲法は定めているではないか。天皇制に対してさまざまな立場があるだろうが主権者として天皇制はどうあらねばならないのか、と問われている。

『東京新聞』(三月二七日)の半藤一利氏と保阪正康氏の対談「象徴天皇と平成」の中で、「天皇は国民にとって何だろう――という問いは、陛下も発しているし、私たちも発しなきゃいけない」と保阪氏は述べている。赤坂真理氏も「GHQによって草案が作られた憲法には、天皇が日本国の『何を』象徴するかまでは書かれていない。象徴という言葉はどこまでいっても空っぽ。そこに何を入れるかは国民が考えなくてはいけないのに」と述べていた（『東京新聞』同日）。天皇代替わりに「象徴」とは何か考えてみよう。

七尾和晃著『天皇を救った男　笠井重治』（東洋経済新報社、二〇一八年）は、日米開戦前に渡米して野村吉三郎駐米大使などに戦争回避を訴えた、笠井重治なる人物の生涯を明らかにしている。笠井は、山梨県立甲府中学校で、クラークの影響を受けた札幌農学校出身の大島正健の薫陶を受けている。戦後、笠井は新憲法の草案を検討する「憲法改正小委員会」の委員となっている。笠井は天皇制の護持と将来に心を砕いたようだが、日本語における「象徴」という表現の主旨とニュアンスをマッカーサーに正確に伝え、理解してもらうことが重要だとの考えを持っていたという。

二〇一九年五月一日

魯迅

中学二年の時、自分の小遣いで買ったのが『阿Q正伝・狂人日記』（岩波文庫、一九五五年）であった。この本は何百回と読んだのでボロボロになってしまい、いつしかなくなってしまった。ちなみに昔の岩波文庫は定価の金額表示がなく、★一つにつき何円と設定されていた。『阿Q正伝・狂人日記』は★一つで、四〇円であった〔※一九六二年から五〇円、一九七三年から七〇円〕。

魯迅は、一九〇二年に清朝政府が派遣した留学生として来日した。二年間、東京の弘文（こうぶん）学院で日本語を学び、その後仙台医学専門学校（現・東北大学医学部）に転校した。しかしまもなく有名な「幻灯（げんとう）事件」に遭遇し、医学を捨てて文学を志すことになる。幻灯事件とは、ある講義で日露戦争中にロシア軍のスパイ容疑で中国人捕虜が、同胞の見守る中で日本軍兵士により斬首される場面で同級生の拍手と喝采に調子を合わせたという苦い思いである。魯迅は次のように述べている。

「あのこと（幻灯事件）があって以来、私は、医学など少しも大切なことでない、と考えるようになった。愚弱な国民は、たとい体格がどんなに健全で、どんなに長生きしようとも、せいぜい無意味な見せしめの材料と、その見物人になるだけではないか。されば、われわれの最初になすべき任務は、かれらの精神を改造するにある」（竹内好訳『吶喊（とっかん）』自序、『魯迅選集第一巻』岩波書店、一九五六年）。

森友学園の国有地払い下げ以降、最近の勤労統計の書き換えなど高級官僚の政権中枢への忖度がはびこる世の中に魯迅ならばどのような警句を発するのだろうか。魯迅の作品には、正人（聖人）君子たちの「私は人をだましたい」とか「フェアプレイは時期尚早」という言葉が頻繁に使われている。佐高信氏は「魯迅は『いわゆる聖人君子の徒輩に、少しでも多く不愉快な日を過ごさせたいために』生きた」（『魯迅烈読』岩波現代文庫、二〇〇七年）と述べている。魯迅は正人君子たちに憎まれる文章を書いていた。

「どんなに敵が卑劣な手で来ても、自分はフェアプレイでいくというような方法はとらない。敵が卑劣な手で来たら、嫌らしい手を使ってでも対抗する」と佐高氏は魯迅に教えられたと言う。

魯迅の言葉は常に私の座右にあり、叱咤され激励を受けてきた。

二〇一九年六月一日

人間関係の破綻

川崎市多摩区での児童など二〇名が殺傷された事件、元農水省事務次官の息子殺害事件の両者に共通する環境的要因として、「中高年のひきこもり」が取り上げられている。マスコミなどでも「中高年のひきこもり」をクローズアップしているが、軽々にそこに原因を求めるのはどうだろうかと思っている。人間関係が破綻しているのは「中高年のひきこもり」だけではなく、現在、ありとあらゆる世代において、人と人との交わりが破れてしまっているように思う。

そもそも人類最初の人間関係が破綻していたと聖書は記している。現代、私たちが今も悩んでいる人間関係の破れが、人類最初の人間関係にあったことに気づき、いかにしたら人間関係の回復、人と人との信頼を取り戻すことができるのだろうかを考えたい。

聖書によれば、人類の祖アダムとエバは神との約束を破り、その責任を互いに相手に転嫁して、二人の信頼関係を放棄してしまった。神との約束を破った時、互いに責任転嫁に終始し、向かい合うことをしなかった。まっすぐに向かい合って、相手の目を見ながら語り合うことなく、相手に責任をなすりつけている。

本来、神はアダムとエバを、互いに顔と顔を合わせ、向かい合う存在として造られた。しかし、彼らは神の意図から勝手に外れて、顔と顔を合わせず、向かい合うことをやめてしまった。彼らは、ありのままの自分、自分自身の弱さをさらけ出すことを避けたのである。

私たちが今も悩み続けている人間関係の問題は、それほど根深く、深刻であるといえる。だからといって「互いに取り繕って、騙(だま)し騙されていく」大人の小賢(こざか)しい知恵に頼るべきなのだろうか。「まっすぐに向かい合い、名前を呼びかけ合う関係」を築くことは本当に子どもじみたバカげたことなのだろうか。

今私たちは問われている。アダムとエバのように、これは自分のせいではないと言い張り、誰かに責任転嫁するのか。責任転嫁して何が悪いと開き直るのか。取り繕って何もなかったかのようにして通り過ぎるのか、通り過ぎるふりをするのか。それとも自分の責任として担い、相手と向かい合おうとするのか。

二〇一九年七月一日

テレジンの子どもたち

老人ホームの二階に、都筑区など横浜市北部の公立学校を統括する北部学校教育事務所がある。先日、事務所の職員に何気なく、ナチスのユダヤ人強制収容所の門に掲げられていた「アルバイト　マハト　フライ」というドイツ語をご存知かと尋ねた。すると二人の職員は、どこかで聞いたことがあるような気がするが、正確には覚えていないという。日本語では「働けば自由になる」という意味だが、門をくぐったユダヤ人たちは、自由とはほど遠い過酷な環境で働かされたあげく、ガス室に送られ殺害された。

ナチスがドイツをはじめ、ポーランド、チェコスロバキアなどに作ったユダヤ人などの強制収容所は約一〇〇〇もあったと言われている。その一つがチェコスロバキアの美しい中世の町に作られたテレジンである。このテレジンは、ドイツや被占領地から送り込まれたユダヤ人たちを集めたゲットー（ユダヤ人居住区）であったが、実質的には収容所であった。有名なアウシュヴィッツ強制収容所は、テレジンから約四〇〇キロのところにあり、テレジンからも貨物車で毎日のようにユダヤ人たちが送られていたという。

そのような死の恐怖に脅えながら、子どもたちは収容所の暮らしの中で約四〇〇〇枚の絵を書き残していた。ナチスは子どもたちに自由に絵を描いたり、作文を書くことを認めなかったが、国際赤十字などの視察があり、夕食後の一時間程度、絵画教室を開くことを認めざるを得なかったという。ナチスは敗北直前に強制収容所のさまざまな証拠物件を焼却してしまったが、大きなトランクに詰められた子どもたちの作品は奇跡的に残された。子どもたちを世話していたビリー・グロアーが、見つけ出した子どもたちの作品をトランクに詰めて持ち帰ったのであった。

子どもたちの作品は整理されて、現在はプラハのユダヤ博物館に保存されているという。作品の内容は、遊園地の光景、クリスマスの光景、サーカスの絵、家族団欒（だんらん）の絵など夢や希望に満ちたものが多かったそうだが、死に脅える恐怖を表したもの、飢えの苦しさを表したものも何点かあるそうだ。

野村路子さんの『テレジンの小さな画家たち』（偕成社、一九九三年）にある子どもたちの絵を見ながら、現在も世界のあちこちで内戦や飢えなどによって死んでいく子どもたち、あるいは部族争いの中で子どもたちがテロの道具にされている現実を目の当たりにする。豊かな日本の社会でもいじめや児童虐待が毎日のように起こっている。平和に見える世の中で子どもたちの置かれている状況は、非常に深刻で残酷であるといえる。

二〇一九年八月一日

関東大震災

週末のJR川崎駅前では、定期的に右翼団体の街頭演説で在日朝鮮人に対するヘイトスピーチが行われている。街宣車の横断幕には「暴れるな朝鮮人」と掲げられていたこともあったという。

八月のある日、同じく川崎駅前で在日朝鮮人を差別するヘイトスピーチに出くわしたが、ほとんどの人が近くを黙って通り過ぎて行くだけであった。本来、市民のデモや行動を制限する法はないに限るが、ヘイトスピーチを防ぐには厳しい罰則が必要だろうと思った。

「人々は……自ら大なりとした甚大なることが、猛火の前の紙片よりもつまらぬ小なるものであることを悟らされた」（「震は亨(とお)る」、『露伴随筆〈第三冊〉』岩波書店、一九八三年）と幸田露伴が表現したのが関東大震災である。九六年前の九月一日に起こった関東大震災は、死者や行方不明者は一〇万以上で、逃げた場所で火に巻かれた人も多かったという。未だに正確な被害者の数が不明である。

関東大震災の発生直後、「朝鮮人が暴動を起こした」、「朝鮮人が放火し、井戸に毒を投げ込んだ」という流言が、その日のうちに東京市内から関東一円に及び、翌日には福島県にまで達したという。人々は恐怖に駆られて、流言をそのまま警察署や憲兵隊に知らせた。次の日には「戒厳令」が敷かれ軍が出動し、あちこちで「朝鮮人狩り」が始まった。警察・軍隊以外にも民間の自警団により約七〇〇〇人の朝鮮人が捕らえられ殺されたといわれている。それまで一緒に暮らしていた隣人を突然に朝鮮人というだけで捕まえ、撲殺し、井戸に投げ込んだ。この時、朝鮮人を匿（かくま）った日本人も同罪とされて迫害に遭い、警察や軍隊ではなく普通の市民によって殺されたという。

私たちの意識の底にはさまざまな差別意識が今なお強くあり、人を苦しめ、悲しませ、人間関係を引き裂き、絶望させ、死にまで追い込むこともある。差別する側は無意識であっても、差別される側にとっては極めて深刻な、重大な問題である。

差別は社会が許してきたのであり、被害者の尊厳を社会全体で取り戻さねばならない。同時に私たち自身の責任であるとの自覚も求められる。

二〇一九年九月一日

児童虐待

「また起きてしまったのか」と怒りがこみあげてきた。親による児童虐待で幼い命が絶たれた。どうすれば児童虐待を防ぐことができるのか、考え込んでしまう。

そんなとき、ふとソフトバンクのＣＭが浮かんできた。その家族構成がユニークである。なぜか「白い北海道犬」の姿をしているお父さん、黒人と日本人との兄妹、そしてどこにもいそうなお母さんやおばあちゃん。面白いのは「白い北海道犬」のお父さんを囲んで、家族団欒（だんらん）の時、他愛無い会話が交わされるところである。なぜ、面白いのかといえば、一見奇妙に見える家族構成にあるのだろうと思う。どう見ても赤の他人のかき集めにしか見えない人たちと犬が、きちんと家族としてコミュニケーションをとり、きちんと家族が成立しているところが面白いのかも知れない。言葉には出てこないが、そこには暗黙の了解があって、人間だろうと犬だろうとお互いの存在が認められ、それぞれがそこに自分の居場所を持っている。

私は、このＣＭを見ながら家族とは一体何なのだろうかと考えさせられた。家族とは、血のつながりを超えて、人と人とが理解し合い、お互いの存在を認め合う理想の社会状態なのかも知れない。

かつて山田洋次監督が次のようなことを言っていたのを、手帳に走り書きしてあった。

「『男はつらいよ』をつくるときも、寅さんと妹さくらは意識的に『異母兄妹』という設定にしました。両親が早く亡くなり、育ての親はおじさん、おばさんで、意外にあの家族の血のつながりは薄い。夫婦、兄弟、家族がべったりとつながっているんじゃなくて、それぞれが自分の役割を意識して『家族する』家なんだと考えた。そのなかでどうすれば愛し合えるのか」。

そう考えれば、渥美清が演じる「寅さん」が社会からちょっと「はみ出した存在」として描かれている理由が理解できる。そういう意味では、ソフトバンクのCMには、血のつながりを超えて、お互いの存在を認め合う家族の理想が込められているように思うのだが。ソフトバンクのCMの家族もそれぞれの役割を考え、それを心得て行動し、交流する家族のモデルであるように思われてならない。

二〇一九年一〇月一日

大嘗祭

新天皇は五月に即位しているが、今月二二日「即位礼正殿の儀」が国事行為として行われた。そして、「大嘗祭（だいじょうさい）」は、一一月一四日から一五日にかけて行われる。「即位の礼」と「大嘗祭」をめぐって、私たちは天皇制の問題を避けて通ることができない。戦前の神権天皇制から天皇の「人間宣言」を経て、戦後の象徴天皇制へ移行したことで天皇制は国民の間に定着したと考えているが、それは私たちの怠慢ではないかと思う。憲法の下で一連の即位儀礼はどうあるべきか、一人ひとり考えてみるべきである。

憲法第二条は「皇位の継承」について述べているが、即位礼の必要性に関しては何も書いていない。また、皇室典範第二四条には「皇位の継承があったときは、即位の礼を行う」とだけあり、そのやり方については一切言及していない。当然、憲法の「国民主権」と「政教分離」の原則に立って行われるべきである。

特に「大嘗祭」は、明らかに皇室典範に基づく皇室の宗教行事で、これに宮廷費（国費）が支出され、国がこれに関わることは憲法第二〇条に違反することであり、神道の国教化に道を開くことになることを憂うる。

政府は「大嘗祭」を皇室の古い伝統の行事であると説明しているが、現行の形の大嘗祭が行われたのは、大正天皇、昭和天皇、平成の天皇の即位時の三回だけであった。江戸時代の大嘗祭は、仏教的な色彩のまざった儀式であったという。中世の日本は神仏混合の時代で、純粋な神道は存在していなかった。天皇の葬儀も仏式で、即位式などほとんど行われていなかった。大正天皇の時に、天皇の神格化を復興させようとして古事記や日本書紀などから復元させたものである。つまり、「大嘗祭」は、天皇を神とする思想の中から作り出した行事であり、政府が言う日本古来の伝統などではないといえる。

天皇が神になるとか、元首になるということは、憲法の下では認められないことである。このような行事に国の費用を支出することは認められない。天皇家の私的行事として「内廷費」の範囲内で賄われるべきものであろう。秋篠宮は、宗教色の強い行事には天皇の生活費である「内廷費」を当てるべきだとの考えを示し、「聞く耳を持ってもらえなかった」と述べた。

二〇一九年一一月一日

戦場のクリスマス

クリスマスは美しい期節であり、楽しい期節である。

しかし、残酷な期節でもある。イエスが誕生するという報告がユダヤのヘロデ王に告げられた。するとイエスの誕生に恐れを抱いたヘロデは「ベツレヘムとその周辺一帯にいた二歳以下の男の子を、一人残らず殺させた」（マタイ二・一六）と伝えられている。

クリスマスは、まさに美しさと残酷さのあらわになる期節であり、神の愛と人間のエゴイズムがあらわに示される期節である。私たちが、クリスマスの意味を本当に学ぼうとするなら、このような神の愛と人間の残酷さが激突し、そこから引き起こされる葛藤から目を背けてはならぬ。

ドイツのヴィルヘルム記念教会の礼拝堂の壁に『塹壕（ざんごう）のマドンナ』と題する一枚の絵がかけられている、とドイツ在住の友人から聞いたことがある。母マリアが頭から被った布で幼児のイエスを包み込むようにして抱いている絵だという。この絵の左側に「一九四二年、包囲された中のクリスマス」、下に「スターリングラード要塞」という文字が書かれているそうだ。絵を描いたのは、牧師であり医師のクルト・ロイパーであるという。

スターリングラードの戦いといえば、第二次世界大戦のドイツとソ連の天下分け目の戦いであった。この戦いだけでドイツ軍は約九〇万人、ソ連は一〇〇万人以上の犠牲者があったと言われている。零下四〇度の極寒の中両陣営は、文字通り泥水をすすり、食べる草さえなかった。

激戦はいつ果てるともなく続く中でクリスマスを迎える。ロイパーは、一枚だけ残されたソ連地図の裏側に、木炭でこの絵を描いたという。絵の右側には、LICHT（光）、LEBEN（生命）、LIEBE（愛）という三つの単語を書き込んだという。

この絵が塹壕の壁に貼られたクリスマスの夜、扉を開けて入ってきた兵士たちは、二〇〇〇年前の羊飼いらが光に包まれた天使の声を聞き、馬小屋の飼い葉桶に寝かされたイエスを拝んだ時のような感動に打たれ、無言のまま、光・生命・愛という文字を見つめていたという。

クリスマスの後で、この絵は彼の手紙とともに戦場から奇跡的に故郷の家族のもとに届けられたという。ロイパーは、激戦では生き残ったが、ソ連の捕虜となり、一年間収容所で過ごしたが、病にかかり亡くなったという。

二〇一九年一二月一日

自由の使い方

二〇一九年が暮れようとしている。老人ホームでのクリスマスディナーの席で八八歳になった方が、「自分の子どもの頃は米寿を迎えるような年寄りはほとんどいなかった」と感慨ぶかげに言われた。そして、今の自分は総入れ歯になり、難聴のため補聴器を装着しているが、病院で体内年齢を測定してもらったら六二歳に相当すると言われ、気をよくしていると大笑いされた。そして、「今与えられている自由を大切に使い切って人生を終わりたい」と言われた。ふと、自由とはどういうことだろうと考えてみた。

自由には二つあるように思う。一つは、自由になりたい、解放されたいという願いである。近代の歴史はある意味で自由を獲得するための闘いであったとも言える。フランス革命、アメリカの独立革命、ロシア革命などは自由を求めての民衆の闘いであった。けれども現代の私たちは努力をしなくても自由を手に入れている。

もう一つの自由は、手に入れた後で、その自由をどう使うかということである。与えられた自由を使いこなして、やるべきことを正しくやることができるかということが問われている。

今、中東のあちこちで武力争いにより土地が荒廃し、多数の難民が悲惨な生活を続けている。その原因の始まりが、「アラブの春」と言われた民主化運動であった。絶対的な権力を持った指導者による独裁的な政治に対抗して民衆は大規模な反政府デモにより、自由を求め、立ちあがった。ところが民衆は、自由になった途端に、自分の欲望のために生きるようになり、何をしてもいいと思うようになった。自由の訓練を受けずに自由になることの難しさを私たちは学ばねばならない。自由を使って誰かのために生きるには自由になるための訓練を受けなければならない。

昨年一一月、アフガニスタンの人道支援に取り組んでこられた中村哲さんが銃撃され、亡くなられた。中村さんは「一〇〇万発の銃弾より、一本の用水路の方がはるかに治安回復に役立つ」と言われていた。混沌とした紛争の現場にあって、中村さんは命を賭けてアフガニスタンの人びとの生活を守ろうとした。中村さんが身をもって教えてくれたのが自由の使い方ではないだろうか。

二〇二〇年一月一日

「建国記念の日」にあたって

二月一一日は一九六七年に「建国記念の日」として定められたが、戦前、この日は紀元前六六〇年に神武天皇が即位したことを祝う「紀元節」として制定され、全国津々浦々まで浸透していた。

かつて勤務していた学校では、二月の礼拝を「信教の自由を考える」礼拝とした。改めて信教の自由、天皇制について考えてみたいと思う。

明治二〇年代以降、明治政府の体制が整備されてから日本のキリスト教には、政治・社会の問題と信仰・教会の問題を分離して考える二元的な考え方が強くあったように思う。信仰は、一人ひとりが何を信じるかという個人的・内面的な問題で、天皇制は政治・社会の問題であると二つに分けて考える。明治憲法で信教の自由は、「安寧秩序を妨げず、且つ、臣民たるの義務に背かざる限り、信教の自由を有する」という枠があった。日本のキリスト教が生きていくためには、この枠の中での信教の自由にとどまるほかはなかった。そこで政治などの問題には一切目を閉じて、個人的、内面的な世界で信仰を守っていかざるを得なかった。

戦後、日本のキリスト教は、憲法二〇条で無条件に信教の自由が認められた。その後、象徴天皇制の下で日本のキリスト教は歩んできたが、なんとなくキリスト教と象徴天皇制は両立するのだと考えられてきた。そして天皇制の問題を正面から問うことをキリスト教は怠ってきたように思う。「人間天皇」となったことで象徴天皇制は解決されたと考えられてきた。

ところが、そうではなかったということが、今回の天皇の即位式や大嘗祭を通して見えてきた。象徴天皇制になって七四年も経っているのだから、即位式をやるとすれば新しい時代の新しいやり方を国会あるいは内閣、国民全体から提案しなければならなかったのではないか。

「即位礼正殿の儀」において安倍首相が高御座に立つ天皇を見上げて祝辞を述べた後、「天皇陛下万歳」を三唱した。この様子をニュースで見て「天皇は神聖にして侵すべからず」という大日本帝国憲法の条文が頭に浮かんできた。象徴であるべき天皇が事実上今日なお「現人神」であり続けているとしか思えてならなかった。私たちは天皇の政治利用に対し厳しく監視する必要がある。

二〇二〇年二月一日

卒業生からの手紙

三月、多くの卒業生が学び舎を巣立っていく。

先月中旬、ある卒業生から次のような手紙が届いた。

「まもなく息子が小学校を卒業することになり、部屋の掃除をしていたらBサイズのノートが出てきました。それは私が中学入学式の日に書いた日記でした。『今日は入学式だった。讃美歌を歌ったり、お祈りしたりと、全てがキリスト教の礼拝形式で少し変な感じがした。平塚校長先生の話は聖書の中のタラントのたとえ話で、はじめ神様は一人ひとりにタラントを与えていて、そのタラントは自分で増やし、最後には神様に返さなくてはならないという話であった。私はどれだけ増やせるかわからないけれど、この学校でいろいろなことに挑戦してタラントを何倍にもしたい』と記されていました。高校卒業以来、聖書を読むことのなかった私は、タラントを渡された者と自分を重ねた時、高校卒業から何の成長もせずにいた今の自分が恥ずかしくなり、もう一度タラントの話を読んでみます」。

二児の母親からのなつかしい手紙だった。入学式の校長の話を日記に書き残したこと、それを私に伝えてくれたことが本当に嬉しかった。私は彼女に次のような返事を送った。

「タラントンの話は、ただ人間の才能や能力だけの問題ではなく、人間の生そのもの、人生の生き方を問うているのでないか。あなたに読みとってほしいことは、人生は一人ひとり個別に、その人だけのものとして、創造主から委託されたものである。タラントンを委託した創造主は、いつも側にいて、直接にあれこれと口うるさく言われる方ではない。すべてを僕（しもべ）に委ねて旅に出た主人のように、一人ひとりを信頼して、一切を委ねておられる。ただ、それが委託である以上、必ず清算する時が訪れる。あなたに、いつ清算の時が訪れるかわからないが、その時まで一タラントンを預けられた僕のように、安全運転だけを心がけるのではなく、思い切ってチャレンジする人生を歩んでほしい。五タラントン、二タラントンを預けられた僕のように、自分に預けられたものを思い切って、危険を承知で、大胆に使い切ってほしい。『可もなく不可もなく』というようなつまらない人生だけは送らないように」。

二〇二〇年三月一日

桜を見る会

今年は例年よりも早くサクラが咲いた。老人ホームの人が新宿御苑でお花見をしようと出かけた。何十年かぶりの新宿御苑であったが、入園料がだいぶ高くなっていた。また、園内禁酒のため手荷物検査もあったという。お花見には団子とお酒はつきものなので、少々がっかりしたそうだ。

ささやかな庶民の楽しみを規制する一方で、新宿御苑で首相が主催する「桜を見る会」は、飲酒もオーケーであり、開催に五〇〇〇万円ほどの費用が使われたという。その費用は税金である。

その「桜を見る会」が国会で話題となっていた。「こんなくだらないことをいつまでやるのか」「もっと大事な問題をやれ」との野党の追及に批判が出た。確かに新型コロナウイルスへの対応は、与野党がワンチームになり取り組むべき喫緊の課題である。しかし、普通、人は疑われたら、その疑いを晴らすことに必死になるものだが、安倍首相は、疑いを晴らす努力もせずに、十分に説明してきたと同じ答弁を繰り返していた。国民の八〇％以上が首相は「十分に説明しているとは思えない」と答えているのに首相は開き直っていた。私たちは「かんぐり」と「邪推」を駆使したい。

『朝日新聞』（二月二二日）の「多事奏論」に次のようにあった。

「国家が事実とウソの線を引く中国で、ロシアのノーベル賞作家、故ソルジェニーツィンがよみがえっている。（中略）我々は彼らのウソを知っている／彼らも　彼ら自身がウソをついていることを知っている／彼らは　我々が彼らのウソを知っていることを知っている／我々も知っている　彼らは我々が彼らのウソを知ることを知っていることを／それでも彼らはウソをつき続ける」。

「破廉恥（はれんち）」という言葉がある。恥知らずでウソをついてもへっちゃらな人間を「破廉恥」という。みなさんが、「ああ、あの人間のことか」と察しがつくようでは世も末か。「破廉恥」の逆が「廉恥」で、心が清らかで恥ずべきことを知っている人のことである。「廉恥」を世の中に復活させるためには、恥を知る人が「破廉恥」な人間を締め上げる必要があるのだが、「廉恥」な人がいなくなり、「破廉恥」な人が世を席巻している。「今の世の中、右も左も真っ暗闇じゃござんせんか」。

二〇二〇年四月一日

ミミナグサ

新型コロナウイルス騒動で外出もままならない今日この頃であるが、私は散歩を楽しんでいる。温暖化の影響か雪や氷の便りも少なく、野の草花は勝手に季節を判断して春から初夏に咲く花もすでに場所によっては咲き始めているところもある。

しばらく喘息の発作が続いていた彼女が「野の草花を見てみたくなった」と言うので久しぶりに散歩に連れ出した。彼女は、幼い頃から植物に興味を持ち、将来は奈良女子大学に進学することを希望していた。しかし、貧しい家の事情を察して親にその願いを伝えることはできなかったそうだ。それでも野山を走り回りながら道端の草花の名を学校の図鑑を見ては覚えていったという。

しばらく歩いていると「あっ、こんなところにミミナグサが咲いているよ」と、やや紫色したネズミの耳のような葉っぱを指さして言った。彼女によると四月から五月頃に咲くのだが、やっぱり例年より暖かいのだろう。彼女は山口県の吉田という田舎で葉っぱを摘んで食べていた、となつかしそうに言う。

そして突然、清少納言の『枕草子』の中に出てくる若菜摘みにミミナグサの話があったことを思い出した、とその場で古典の授業を始めた。

清少納言が、正月七日の若菜の準備にとりかかっていると、見も知らぬ子どもが草をさしだした。清少納言が「何という草か」と尋ねるが、すぐには答えられなかった。すると誰かが「耳無草（ミミナグサ）だ」と言ったので、道理で話が聞こえないような顔をしていた、と大笑いになった、という。さらに、しばらくして別の子どもが可愛らしい菊を持ってきたので清少納言が「摘めどなほ　耳無草こそ　つれなけれ　あまたしあれば　菊（聞く）も混じれり」と一首詠んで披露しようとしたが、相手が子どもなので聞く耳は持つまいとやめた、という落ちがあった、という話であった。

　彼女が言うには、ミミナグサは「耳無草」ではなく「耳菜草」と書き、短い毛の生えた柔らかそうな葉の形をネズミの耳にたとえることから名がつけられたのではないか、と個人的感想を付け加えた。ただ最近は外来種に押されて、限られた場所にしか見られなくなったそうである。ちなみに彼女とは私の妻である。

二〇二〇年四月一日

ワイツゼッカー大統領

ただ一度だけの出会いが心に深く残る。元ドイツの大統領リヒャルト・フォン・ワイツゼッカーは私にとってそんな存在である。

一九九五年八月七日、ワイツゼッカーの『ドイツと日本の戦後五〇年』という講演を聴くために東京虎ノ門ホールに出向いた。「自らの歴史と取り組もうとしない人は、自分の現在の立場、なぜそこにいるのかが理解できません。過去を否定する人は、過去を繰り返す危険を冒しているのです。（中略）このようにドイツにおきました歴史を心に刻み、それと取り組むことが、いつも現在の政策の本質的な構成要素のひとつであったのです」と語った。この言葉を聴いて今の世界の指導者でこれほどの歴史哲学を語れる政治家はいないと心に刻んだことをきのうのように想い起こす。

ワイツゼッカー大統領といえば、一九八五年、第二次世界大戦でドイツが降伏した五月八日に有名な演説を行っている。「過去に目を閉ざす者は結局のところ、現在にも盲目となります。非人間的な行為を心に刻もうとしない者は、また新しい感染の危険への抵抗力をもたないことになるでしょう」とドイツがユダヤ人に行った犯罪を自らのこととして認めようと呼びかけた。この演説にも厳しい批判があった。たとえば「盲目」という言葉を使ったことに対してであった。しかし、ワイツゼッカーは東京講演では「過去を否定する人は、過去を繰り返す危険を冒している」と素直に批判に耳を傾けて表現を改めていた。そんなワイツゼッカーは、「真実の言葉を語る政治家」と言ってよいであろう。

東京講演の結びでワイツゼッカーは「世界の人口の爆発的な増加、人権の侵害、少数派の権利の侵害、飢餓と困窮、難民の悲惨、天然資源の浪費と環境の一層の破壊などは新たな危険だ」と語り、こうした危険に対する闘いにとって、大規模な核武装はほとんど何の役にも立たないと断言した。

四半世紀近くも前の演説だが、今自国さえ良ければよいというアメリカや英国の指導者に警告するような内容である。自国第一主義の世界的な流れが、あらゆる地域に浸透し、自他の差別により、格差社会を生み出している。豊かな国の人と、その日を生きるのに必死の人がいるのだ。

二〇二〇年五月一日

七三年目の憲法

戦争というものがどんなに悲惨なものか、今では、太平洋戦争を体験した人は少なくなった。とすれば、平和の大切さを身にしみて感じられる人も数少なくなった。

鹿児島大空襲で焼夷弾が雨あられと投下される中をよくぞ逃げのびることができたと思う。八月一五日正午、疎開先の田舎で天皇の玉音放送なるものを聞いた。「戦争が終わったんだよ」と祖父から言われ、目の前の黄金色に広がる田んぼが、そして夏の晴れた空が、どこまでも果てしなく茫洋と見えたのを覚えている。今にして思えば、想像を絶するような時代であったが、あれから七五年が経ってしまった。

日本国憲法は五月三日、施行から七三年目を迎えた。この間、条文は一文字も変わらず、自衛隊員が戦争で一人も死なず、日本は一応平和国家として歩んできた。私は、あの敗戦も新憲法の誕生も、ついこの間のような気がしているが、七三年も経った。日本が戦後、海外で武力行使をしなかったのは「九条」があったからと答える日本人が七割を超えることも、ひとえに「九条」があったおかげとする国民の意識がはっきりと示されているといえる。

五月三日、安倍首相は改憲派の集会にビデオメッセージで、九条改憲に関して「自衛隊は違憲というおかしな議論に終止符を打つためにも、憲法上、明確に位置づけることが必要だ」と主張した。そして、「憲法改正への挑戦は決してたやすい道ではないが、必ずや成し遂げるという決意に揺らぎはない」と述べている。

「九条」には「戦争と、武力による威嚇又は武力の行使は……永久にこれを放棄する」とある。「戦力を保持しない」「国の交戦権も認めない」との補足も記されている。素直に読めば、「軍隊は持たない」「戦争はしない」という強い意志が伝わる文言である。それでも自衛隊が多くの国民に受け入れられているのは、それが、戦争をするための軍隊ではなく、日本の主権者である国民を武力攻撃から守るための組織であるからだ。先人の知恵ともいえる解釈が広く浸透していると言える。

コロナ感染に対する緊急事態宣言下という出口の見えない中で「必ずや成し遂げるという決意に揺らぎはない」と、強がりを言っている場合じゃないよ。

二〇二〇年六月一日

石橋湛山

アメリカ大統領トランプの主張は、偉大なアメリカの復活である。ロシアのプーチン大統領、イギリスのジョンソン首相も、日本の安倍首相も強い国家の建設という主張を根底にもっている。戦前の日本は、欧米列強の一角を占める強い国家（大国主義）を建設しようとしたが、その結末は国土の荒廃を招いてしまった。

都筑図書館で予約していた、『石橋湛山評論集』（岩波文庫、一九八四年）を読んだ。石橋湛山は、一八八四年、日蓮宗の僧侶であった父杉田湛誓（たんせい）、母石橋きんの長男として生まれ、山梨県立中学（甲府中学）時代に大島正健（おおしままさたけ）校長からキリスト教の影響を受けている。大島は札幌農学校一期生としてクラークの教えによりキリスト者となった。湛山は早稲田大学を卒業して東洋経済新報社の記者となり、大正から昭和の激動の時代に軍部の圧力に屈せず、自由な論調で筆をとった骨太のジャーナリストであった。

日本が軍国主義に向かう中で軍備の撤廃と植民地の放棄を説き、非戦平和の「小国主義」を提唱した。特にワシントン軍縮会議を前にして一九二一年七月三〇日から三週にわたって、「大日本主義の幻想」と題して湛山は次のように述べている。

「大日本主義を固執すればこそ、軍備を要するのであって、これを棄つれば軍備はいらない。国防のため、朝鮮または満州を要するというが如きは、全く原因結果を顚倒せるものである。（中略）我が国が大日本主義を棄つることは、何かの不利を我が国に醸さない。否ただちに不利を醸さないのみならず、かえって大いなる利益を、我に与うるものなるを断言する」。

このような湛山の考え方は、当時の日本では危険思想とみなされていたが、戦後においてその先見性が改めて見直され、その正当性が実証された。

戦後、湛山は請われて政界に入り、大蔵大臣、また自民党の第二代総裁・首相に選出されたが、病を得ていさぎよく二ヶ月で辞職してしまう。首相在任中に提唱した「日中米ソ提携路線」は、冷戦後の今日の世界を見据えた発言であったように思われる。

「政治家の諸君にのぞみたいのは、党のことより国家国民の利益を優先して考えてもらいたい」とは湛山の遺言でもあった。

二〇二〇年七月一日

コベル先生

戦前の横浜に平和を愛し、理想を貫いた勇気あるアメリカ人宣教師がおられた。その名は、J・H・コベル先生。一九二〇（大正九）年に中学関東学院（現・関東学院中高）の英語教師として赴任し（のちに関東学院高等学部・旧制専門学校教授）、一九三九年に日本を強制退去させられるまでの一九年間、コベル先生は多くの生徒に慕われた。

コベル先生について、関東学院の坂田祐（さかたたすく）院長は『恩寵の生涯』（待晨堂、一九六六年）の中で「コベル君は絶対平和主義者であった。日本の友人が、その令息に、日本の子供のように、おもちゃの剣をプレゼントすると顔色をかえてこれを拒絶された」と語っている。

コベル先生が来日した年は、日本初のメーデーが上野公園で行われるなど「大正デモクラシー」の高揚期であった。しかし、一九三一年、突如、満州に駐留していた関東軍は軍事行動を開始し、京浜工業地帯の各工場が軍需工場に切り替えられ、戦時色を濃くしていった。一九三七年には日華事変（日中戦争）により戦争を拡大し、一九四一年、太平洋・アジア戦争へと突入していった。

コベル先生は、軍国主義が強まる中でも純粋に平和を愛する生き方を貫かれた。最後まで軍事教練を拒んでいた関東学院にも現役の軍人が配属され、ついに教練査閲の日がやってきた。黒いネクタイを結んで現れたコベル先生は、査閲将校に「美しいだろう」と、ユーモアで精一杯の抵抗を試みたという。「日本のために、また関東学院のために、最も哀しい時であるから、喪章の意味である」と査閲後、坂田院長に語ったという。絶対平和主義者のコベル先生が、廊下に掲示したポスターには「永遠の平和、後世への最大遺物、平和を支持せよ」との言葉が刻まれていた。

やがて、こうしたコベル先生の言動を軍部がいつまでも容認するはずがなく、特高警察の監視を受け、ついに強制退去させられることになった。横浜港に見送りにきた人に向かって「フレンドシップ　ノット　バトルシップ」と叫んだという（海老坪眞『物語風コベルの生涯』燦葉出版社、二〇一七年）。コベル先生は、フィリピン・パナイ島のイロイロ市のセントラルカレッジ教会に赴任する決意をする。

そのフィリピンはまもなく日本軍が占領、コベル先生は他の宣教師とともに逮捕され、処刑された。処刑前、一時間の猶予を願い「日本のため、関東学院のため」に祈ったという。

二〇二〇年八月一日

そば屋

埼玉県草加市に住む知人が、明治時代創業の老舗そば屋が閉店した、と知らせてきた。店主が高齢になったのが理由だというが、コロナ禍が影響したかもしれない。無類のそば好きの私は、鎌倉では七里ヶ浜の家から歩いて「檑亭（らいてい）」、小町通の「なかむら庵」、八幡宮前の「峰本（みねもと）」などによく通い、店主とも親しくなった。

古くから伝わる「江戸三大のれん」には、「更科（さらしな）」・「砂場（すなば）」・「藪（やぶ）」があるが、麻布十番の「総本家更科堀井」、日本橋の「室町砂場」、神田淡路町の「かんだやぶそば」など何度かそばを食べるためにだけ訪れたことがある。

真っ白な麺が特徴なのが「更科」で、信州高遠の堀井清右衛門が領主保科兵部少輔に布屋からそば屋への転職を勧められ、江戸麻布永坂町に「信州更科蕎麦所　布屋太兵衛」の看板を掲げたのが始まりという説が有力である。更級（さらしな）村と保科（ほしな）家の一字を取り「更科蕎麦」と名づけられたという。「更科蕎麦」は、一番粉を使用した「更科粉」から作られる白い蕎麦で、のど越しなめらかで上品な香り漂う「更科蕎麦」は瞬く間に江戸に広まったという。

大阪城築城の頃、砂置き場だった砂場に人足たちが仕事の合間に手軽に食べられるそば屋が開業、当時の愛称だった「砂場」が定着したといわれている。「津国屋」と「和泉屋」が「す奈バ」（砂場）の屋号を与えられたという。徳川家康が江戸に移った時、「砂場」も日本橋室町に店を構えた。「砂場蕎麦」は、大阪生まれの江戸育ちということができる。「砂場蕎麦」は、甘くて濃い目のそばつゆが特徴で主として二番粉を使っている。そばの定番商品の「天ざる」は、一九五五年に室町で開発されたといわれている。

「藪蕎麦」の由来は諸説あるが、江戸中期頃、東京豊島区にあった店が藪の中にあったことが「藪蕎麦」の由来といわれている。「藪蕎麦」の特徴は、緑がかった蕎麦と少し塩辛いつゆで、主として二番粉・三番粉を使った風味の強い蕎麦として知られている。神田にある「かんだやぶそば」は、麺が緑色であることを売りにしている。江戸の通な蕎麦の食べ方は、蕎麦の先を少しだけつゆにつけて食べるのだが、「藪蕎麦」に始まるといわれている。

二〇二〇年八月一日

竹内好と魯迅

ノンポリ学生だった私が政治に関心を持ったのが一九六〇年の安保闘争である。二つの出来事に私は衝撃を受けた。一つは、六月一五日、国会内に突入、警官隊と衝突した際に東大生樺美智子（かんばみちこ）さんがデモのさ中に死亡したこと。もう一つは、中国文学者の竹内好（たけうちよしみ）氏が岸内閣の安保条約強行採決に抗議して、東京都立大学教授を辞職したことであった。私は東京都立大学大学院に進学したが、研究室に過激な活動家がいてたびたび安保論争に巻き込まれた。

魯迅の作品は中学生の頃から読んでいたが、竹内が中支派遣独立混成旅団の補充要員として出征する前に遺書のようにして『魯迅』を書いたと言われている。竹内が魯迅をどのように見ていたのか、『魯迅入門』（講談社文芸文庫、一九九六年）から引用することにした。竹内は「私自身、魯迅につかれた人間のひとりである。生涯のある時期に、偶然、手にふれたことから病みつきになって、今日まで脱却できないでいる。おそらく一生、魯迅の影は私につきまとうかもしれない。魯迅を気にしないでは、生きることができない」と述べている。

さらに「世界が病んでいるとき、自分だけが健康であることはできない。日本全体が病んでいるとき、私たちのひとりびとりだけが、幸福であることはできない。魯迅は、新しい中国の精神の支柱である。しかし、魯迅が精神の支柱になったのは、中国が病んでいたからである。そして、中国の民衆が、自分の不幸を、そらさずに見つめ、隣人とともに幸福になる道を、自力で考えつづけたからである。幸福の幻想を振り払って、自分たちの不幸について考えるために、自分の生き方を変えるために、今日、私たちは魯迅を読もう」と勧めている。

そして、魯迅を読むのは、「苦しくなると、とかく救いを外に求めたがる私たちの弱い心を、彼はむち打って、自分で立ちあがるようにはげましてくれる。彼がとり組んだ困難に比べれば、今日の私たちの困難はまだまだ物の数ではないのだ。これしきの困難に心くじけてはならない。ますます知恵をみがいて運命を打開しなければならない」と訴えている。

今、世界の不条理に抗（あらが）い、堪え抜く強靭な論理と精神力を魯迅と竹内好から学びたいと思っている。

二〇二〇年九月一日

一本足の大投手

一九二七（昭和二）年八月一三日、阪神甲子園球場から全国中等学校優勝野球大会がラジオ中継された。日本初のスポーツ中継であった。夏の甲子園大会ほど日本人に熱狂的なファンをもつスポーツはない。あれほどのドラマチックな場面は他では見られない。応援する人は選手たちの姿に自分を重ね、離れた故郷を想う。

今年は春の選抜大会に続いて夏の甲子園大会も中止となった。彼らは地方大会、全国大会を目指して厳しい練習に耐えてきた。神奈川では川和高校の野球部員が知事に県大会の開催を要望した。各県高野連は彼らのために独自の地方大会を開催すると決めた。

地方大会にも数々のドラマが展開されたが、半世紀も前の福岡県大会で「一本足の大投手」と呼ばれた高校生がいた。島石正美君は幼少の頃に小児麻痺のため右足が不自由になったが、それでも懸命に努力して一四〇キロ近い速球を投げることができるようになった。そして彼のチームは高校三年の夏の地方大会（一九六六年）で準々決勝まで勝ち進んだ。

その準々決勝で相手チームが、この投手に対してバント戦法という奇襲作戦で臨んだ。相手チームは次々とバントを敢行して投手を攪乱（かくらん）した。彼は急いでバントを処理しようとしたが、素早くボールを拾うことができず、出塁させ得点を許してしまい、チームは敗れてしまった。観衆は、勝ったチームに対して「そんなにまでして勝ちたいのか」「お前たちはスポーツマンではない」などとヤジを飛ばして非難したという。

試合後、新聞記者が島石正美君を取材するために宿舎に行った。試合に敗れ、気落ちしている彼に何と言葉をかけたらよいか躊躇したという。ところが彼は晴れ晴れとした表情で「僕は今日ほど嬉しかったことはなかった。相手は僕を対等の敵として真正面から勝負してくれた。少しも遠慮しなかった。そのことが本当に嬉しかった」と語ったそうだ。彼はのちに映画『片足のエース』（一九七一年）のモデルともなった。今、島石少年はどうしているのか。

今年の甲子園の交流試合も記憶に残るドラマがあった。福島の磐城高校の木村保前監督が試合前の守備練習でノックを行った。甲子園で指揮を執ることになっていたが、今春他校へ異動した。「人生でこんなに特別な濃密な七分間はなかった」と語った。

二〇二〇九月一日

新選組隊士　鈴木寿一

『日本キリスト教歴史人名事典』（教文館、二〇二〇年）に鈴木寿一（ひさいち）という名があり、「日本基督教会牧師。三河国に生まれる。青年期に新撰組に投じたとされる。（中略）九七年四月、正教師の按手礼を受ける」とある。

この人物こそ幕末に京都で勤王の志士から恐れられていた新選組隊士の一人である。なぜ鈴木が新選組隊士からキリスト教の牧師という数奇な運命をたどったのか興味を持ったのは、私の祖父勇之助が一二歳の時、暴漢によって父を殺害され、その復讐を誓い犯人探索中、偶然にキリスト教と出会い、ついに牧師となったことと重なっているように思えたからだ。

鈴木寿一は現在の愛知県岡崎市本宿町の生まれである。鈴木の本名は鈴木勘右衛門重忠、後に勘助、そして寿一と改名しているが、少年の頃、江戸へ剣術修行に出ている。鏡（きょう）新明智流（しんめいちりゅう）の桃井道場に入門するが、同門には土佐勤皇党の武市半平太（たけちはんぺいた）がいた。その後、鏡新明智流の免許皆伝を得て新選組に加わっている。新選組を有名にしたのが池田屋事件であるが、鈴木が事件に直接関わっていたか明らかでない。

その後、鳥羽伏見の戦いで多数の新選組隊士が戦死したが、その戦いの直前に鈴木の父親の危篤を知った局長近藤勇（こんどういさみ）が彼を帰郷させていたという。そのために鈴木は戊辰戦争に出陣することなく明治維新を迎えることができたという。

帰郷した後、鈴木は寺子屋で教えたりしていたが、たまたま新政府の県知事と知り合い、一八七五年には郡長という地方長官に就任する。ところが鈴木は部下の公金横領の責任をとり、私財を投げ出して弁済し、郡長という職を辞してしまう。鈴木は家の再興を考えて東京に出て一旗揚げようとし、株の相場にも手をだすが、「武士の商法」のたとえ通り失敗を重ね、失意の中にあった。

ある日、突然の雨に遭い雨宿りしたのが教会で、この偶然が鈴木の人生を大きく変えることになった。一八七八年のクリスマスに洗礼を受けキリスト者となり、やがて鈴木は伝道者を志すようになり、日本聖公会の監督C・M・ウィリアムズ宅に住み込んでコックとなり、一八八一年、三八歳で東京一致神学校に入学、千葉で伝道を始め、その後、一八九一年に大阪南教会の牧師として一一年間その任を担った。

時代の流れとはいえ、由緒ある武士の子が新選組に身を投じ、夢破れてコックの修行からキリスト教の伝道者を志すという、まさに波瀾万丈の人生であったと言えよう。

二〇二〇年一〇月一日

ニーバーの祈り

幸いなことに今でも若い人たちの前で話をする機会を与えられている。そんな時に私は彼らに何を伝えるべきか悩んでしまう。

アメリカの神学者ラインホルト・ニーバーの「神よ、変えることのできるものについて、それを変えるだけの勇気を我らに与えたまえ。変えることのできないものについては、それを受け入れるだけの冷静さを与えたまえ。そして、変えることのできるものと変えることのできないものとを、識別する知恵を与えたまえ」という祈りがある。今私たちの前の大きな試練を思うとき、ニーバーの祈りがいかに大事であるかを痛感している。

大木英夫先生が『終末論的考察』（中央公論社、一九七〇年）の中で「わたしはたまたま石川達三氏がこの言葉について書いているのをリーダーズダイジェストで見いだし、そのコメントに非常に感銘を受けた」と述べている。それは次のような文である。

「この言葉は私を驚かせた。この言葉を発見した人物がどういう人であるか分からないが、素晴らしい達人である。（中略）この二つを『見分ける知恵を授け給え』という結びの一句は、謙虚な涙と後悔に充ち、人間の憐れさが卒然として胸を打つ。凡そ人間の言葉のうち、人間を知ることにかくまでに深いものを私はまだ聞かなかった。これはアダムより現代に至る人間の歴史を一言に尽くしたような悲しい言葉だ。人間が経て来たあらゆる事件、あらゆる紛糾は、変え得るものを変えず、変え得ざるものを変えようとし、その判別をつけ得なかったところから起こって来たように思われる。人間の欲と、迷いと、弱さとが、この祈禱の中に充分に尽くされている」。

石川達三は、人間はあらゆる問題を判別する勇気、冷静、知恵がなかったと断言しているが、ニーバーの祈りが生まれたのは世界が試練に直面しようとする一九三四年のことであった。あれから八六年を経た今日、新たな世界の試練に直面させられている。

たとえば、新型コロナウイルスに対してどのように向き合えばよいのか、ニーバーの言う「勇気」「冷静さ」「知恵」をもち得るような努力を続けていくことである。たとえ希望が見えにくくなっていたとしても私たちはこの祈りに関心を寄せたいと思う。

二〇二〇年一一月一日

東郷茂徳

一二月八日といえば、すぐに真珠湾攻撃のことが浮かんでくる。当時、七五〇〇万人の国民は、一二月八日の朝起きると臨時ニュースで日米戦争が始まったことを知った。真珠湾攻撃はごく少数の人たちだけの秘密事項であった。何とか日米戦争を回避せんと日米交渉を続けていた東郷茂徳（とうごうしげのり）外相さえ真珠湾攻撃のことを知らされていなかった。

東郷茂徳外相は御前会議で「陸海軍は戦争しようとしているのは分かっているけれども、いつどこでやるのか教えてもらえないと外交はできない」と迫ると海軍軍令部次長伊藤整一が「一二月八日に真珠湾を叩く」と声高に叫んだという。

「ももすっぱいのおじちゃん」と呼んだ大伯父がいた。鹿児島に帰省した時など孫のように可愛がってもらった。母に連れられて巣鴨拘置所のA級戦犯の大伯父を訪ねた記憶が忘れられない。

太平洋戦争の開戦時と敗戦時に外務大臣を務め、日米開戦回避と終戦に努力した外務大臣東郷茂徳が大伯父の名である。私の祖母は茂徳の妹である。祖母の父朴寿勝（パクスソン）は朝鮮の陶工の末裔で、富裕な商人となり、明治になってから士族の株を買って日本に帰化し、東郷姓を名乗った。

東郷茂徳は、真珠湾攻撃が決定する前、戦争回避のために日米交渉に全力を尽くしていた。御前会議で戦争突入を強行せんとする軍部を説得し、妥協案をアメリカに提示したが、結局アメリカを納得させることができず真珠湾攻撃が勃発してしまった。敗戦時も本土決戦を強行しようとする軍部に対し、ポツダム宣言受諾を天皇に進言し、戦争の終結へと導いたが、その責任は重い。

連合国軍による東京裁判では二〇年の禁固刑を受け、巣鴨拘置所に収監されたが、おそらく生きて巣鴨を出ることはないだろうと思い、一気に書き下ろしたのが『時代の一面』（改造社、一九五二年）である。その中に戦争に突入させてしまった苦悩、あるいは軍部への無念の思いをいくつかの短歌に残した。「此人等国を指導せしかと思ふ時型の小さきに驚き果てぬ」「此人等信念もなく理想なし唯熱に附するの徒輩なるのみ」「唯一つ妥協したるがくやしくも其後のまがつみ凡てはこれに」と日本を廃墟に陥れた自らの責任を問うている。

大伯父はどのような思いで開戦の詔勅に署名したのだろうか。

二〇二〇年一二月一日

同調圧力

私の住む近くの病院でコロナの感染者を受け入れると近所の人たちが病院の前を避けるようになった。ふと同調圧力という言葉が浮かんできた。近所の人たちは、理屈ではなく感情に左右され、その病院に近づくとコロナに感染してしまうと思い込んでしまったのだろう。このような同調圧力という言葉を聞くことが増えたように思う。同調圧力とは、多数派が異なる意見を持つ少数者に対して、多数派に迎合させようと何となくそのような気持ちにさせようと無言の圧力をかけることではないだろうか。

かつてテレビで「錯視の実験」ということで一〇人の学生が集められ、AとBの鉛筆のどちらが長いか、という質問に答える番組があった。その内容がとても印象的であったのでよく覚えている。

AとBを比べると、Aの鉛筆の方が長く、幼児が見ても即答できるくらいの違いがあった。実験では、九人の学生たちには、あらかじめBの鉛筆の方が長いと答えるように言われていた。そして最後の一人には何も知らされていなかった。

まず、一人目の学生が、事前に言われていたように「Bの鉛筆です」と自信たっぷりに答える。その時、一〇人目の学生は「えっ」と驚きの表情をする。しかし、二人目、三人目も同じように「Bの鉛筆です」と答えるのを見て一〇人目の学生は、自分の目がおかしいのではないかと不安になってきた。そして九人目までが「Bの鉛筆です」と答え、一〇人目の学生の答える番になる。彼は何と答えたと思うか。なんとその学生は、首をかしげながら、みなと同じく「Bの鉛筆です」と答えた。

この場面で一〇人目の学生に「Bの鉛筆」と答えろと圧力をかけた人はいなかった。しかし、その学生は、みなと同じような答えを言わなければならない空気を感じていた。この番組は「錯視の実験」ではなく、「同調圧力」の実験であった。

みなと違っていたら不安、みなと同じ答えであるべき、という空気が今の日本社会のあちこちで見られるようになっている。同調圧力をかけたり、同調圧力に負けたりしないためには、自分を客観視する癖をつける、批判する力を養うことではないだろうか。正しい批判精神を失った社会は、全体主義に陥ってしまうだろう。

二〇二一年一月一日

鶴彬という川柳人

日本学術会議は、学問や研究が戦争に加担した苦い経験を踏まえ、一九四九年に設立された。翌年には「戦争を目的とする科学の研究は絶対にこれを行わない」との声明を発表、さらに二〇一七年にも改めて声明を出している。防衛省の莫大な補助金が、軍事と学問の共同研究を求めたからであった。民主主義の破壊者は、民主主義の顔をしてやってくると言った人がいた。菅首相が日本学術会議から推薦された会員候補の任命を拒否した時にその言葉が頭をよぎった。今回の任命拒否は学問の自由を脅かすものと厳しく批判されているが、民主主義をも破壊するものでもある。

学問や思想の自由の侵害は、いつの時代でも極めて巧妙な手口で音もなく忍び寄ってくるものだ。後でそうだったのかと気づいても「時すでに遅し」である。ナチス・ドイツが思想統制を始めた時のマルティン・ニーメラーの有名な警句が浮かんでくる。菅首相は、あの安倍首相さえもできなかったことをやり始めている。

『東京新聞』（一二月八日）「社説」で、鶴彬（つるあきら）という川柳作家のことを知った。早速、都筑中央図書館で岡田一杜著『川柳人　鬼才鶴彬の生涯』（日本機関誌出版センター、一九九七年）

を借りてきた。

鶴彬（本名・喜多一二）は一九〇八（明治四一）年に石川県河北郡高松町に生まれているが、八歳の時に父の死で機屋を営む伯父の養子となる。鶴彬が高等小学校を卒業した一五歳の時に初めて新聞の川柳欄に「静かな夜口笛の消え去る淋しさ」という句が掲載されている。

一七歳の時、伯父の機屋が倒産し大阪の町工場で働くようになり、「僕らは何を為すべきや」とプロレタリア川柳の門口に立ち、一九歳で帰郷した鶴彬は無産運動に身を投じ、特高に治安維持法違反で逮捕、その後、社会の矛盾を突く川柳を作り続け、特高の監視下に置かれるようになる。一九三七年に「万歳とあげて行った手を大陸へおいて来た」を作った直後、治安維持法違反で逮捕され、度重なる拷問と劣悪な環境の中で赤痢に罹り、三八年九月に二九歳で亡くなった。

松尾芭蕉に「物いへば唇寒し秋の風」という句があるが、唇が寒かろうが、凍えようが「物を言おう」。権力者は年ごとに狡猾になっているように思える。

二〇二一年一月一日

良寛

一月の詩吟教室で来月は良寛の『半夜(はんや)』を合吟すると先生に言われた。「過ぎし五十余年の生涯を顧みる時、人間社会のことは是も非も、善も悪も、すべて夢の中のことのようにしか感じられない。夜中にただひとり山の庵に座して物思いにふけっていると、五月雨がさびしく窓に降り注いでいる」という内容である。

かつて良寛の故郷の新潟県出雲崎町を訪ねたことがある。柏崎からバスに乗り約一時間で出雲崎に到着する。出雲崎は、江戸時代には佐渡の金を荷揚げする幕府の直轄地として賑わっていたというが、訪ねた時はその面影はなくひっそりと静まりかえっていた。

良寛の生家跡は、良寛堂となっていた。代々名主で、良寛も名主見習いをしていたが、ある日、突然に家を捨ててしまう。良寛は普通の日常生活に耐えられず、一八歳で出家してしまった。故郷の寺で数年間を過ごした後、備中玉島（倉敷市）の円通寺で一〇年以上、国仙(こくせん)和尚の厳しい指導を受けている。三三歳の時、国仙和尚より一本の杖を与えられ、諸国行脚の旅に出る。杖は、禅僧にとって説法や弟子の指導や行脚の際に使う道具である。国仙和尚は良寛に杖を与える時、「壁に立てかけて昼寝でもせよ」と言ったという。四〇歳ごろに故郷に戻り、粗末な庵で座禅をし、読書をし、詩歌を作り、良寛の人柄に引かれて訪ねてくる人たちに「越後の良寛さん」と慕われ、七四歳で亡くなっている。

良寛というと、子どもたちと遊ぶ姿が浮かんでくる。ある日、子どもたちと「隠れん坊」をしていた。田んぼの藁の中に隠れた良寛を見つけられず、夕方になったので子どもたちは家に帰ってしまった。翌朝、藁の中に隠れている良寛を見つけたお百姓さんに「静かにしないと、子どもたちに見つかってしまう」と答えたという。こんなエピソードの持ち主で、一日中子どもたちと無邪気に遊んでいた良寛のイメージがある。

しかし生涯、曹洞宗の祖道元を尊敬した禅僧であり、「我が生何処より来り、去りて何処にかゆく」という問いを持ち続けていたという。良寛は、寺も弟子も持たず、粗末な庵に住み、あらゆるものから解放された自由な生活を送った。それは「無一物の」境地といえるのではないか。

二〇二一年二月一日

第五福竜丸

一月二二日、核兵器の開発、保有、使用などを禁止する「核兵器禁止条約」が発効した。四年前、国連で一二二か国の賛成で採択され、五〇か国で批准、今回発効となった。長い道のりであったが、「核兵器のない世界」への第一歩である。平均年齢が既に八〇歳を超えた広島・長崎の被爆者にとって、やっとここまで来たかという思いであろう。

残念なことに、この条約にはアメリカやロシア、中国など核兵器保有国は参加しておらず、アメリカの核の傘にいる日本は唯一の戦争被爆国でありながら「日本のアプローチと異なるから署名しない」と政府は声明を出している。

一九四五年、広島と長崎への原爆投下の後、日本は三度目の被爆をしている。それは一九五四年三月に起きたビキニ事件である。米ソの核開発競争が激化、ソ連に追いつかれたアメリカが広島の一〇〇〇倍の威力のある水爆を開発、「ブラボー」と名づけた水爆実験をマーシャル諸島のビキニ環礁で行った。この時、日本からマグロ漁に出ていた「第五福竜丸」の二三名の乗組員が大量の死の灰、放射能を浴びた。

二週間後、焼津に帰港した乗組員たちは「急性原爆症」と診断され、米軍機で東京に護送された。東京第一病院（現・国立国際医療研究センター）には一六名が入院、その一人である無線長の久保山愛吉さんが九月に亡くなった。

大量のマグロも放射能に汚染され、築地市場の地下深くに埋められた。第五福竜丸と前後して各地の漁船が被爆しており、全国の市場で放射能に汚染したマグロが廃棄され、魚は売れなくなった。

「第五福竜丸」は実に数奇な運命をたどっている。戦後、串本のカツオ漁船「第七事代丸」として建造されたが、その後、焼津のマグロ漁船「第五福竜丸」となり遠洋漁業に出ることになった。被爆後は放射能が除去され、東京水産大学（現・東京海洋大学）の練習船「はやぶさ丸」となり、やがて老朽化し廃船となり、夢の島のゴミ捨て場に捨てられていた。しかし、一青年の投書がきっかけとなり、保存運動が起こる。一九七六年、整備された夢の島公園の一隅に「第五福竜丸展示館」が作られ、現在に至っている。何も言わぬ船は私たちに多くのことを語りかけているに違いない。

二〇二二年三月一日

箱根駅伝

今や正月の風物詩となった箱根駅伝は九七回を迎えた。毎年、思いがけないドラマが繰り広げられるが、今年も最後にまさかの大逆転劇が起こった。

創価大学は一〇区の選手がゴールまで二キロ地点で駒澤大学の選手に抜かれ、優勝を逃した。日本テレビの森圭介アナウンサーの実況放送が今なお通奏低音のように響いている。創価大選手の力走を見ながら「初めて往路優勝がありました。初めての総合優勝には届かなかった。目標は総合三位でした。目標達成とみれば嬉しい準優勝。ただ、悔しいと思えるチームになった。創価大学、準優勝！　この悔しさを来年につなげます」と。

関東学院在職中、大学が箱根駅伝に出場した六度のうち四度も体験する幸運に恵まれた。特に高校時代から陸上部のホープであった寺尾成人(てらおなるひと)君が大学二年生の時、三区一四番目で襷(たすき)を受け、走り出した後ろ姿が目に浮かんでくる。また四年生の時二区の途中で、二年前のリベンジだぞ、と彼に声をかけたことも覚えている。両大会とも期待された寺尾君は実力を十分に発揮できず、他の選手の力走も及ばず、一三位、一二位という結果であった。それでも高校時代に実績のある選手がいない中で予選会を突破して、本選に出場したのはあっぱれというほかない。テレビ観戦だけの時と違い沿道で応援できた喜びは生涯忘れ得ぬものとなった。

澤宮優著『昭和十八年　幻の箱根駅伝』（集英社文庫、二〇二〇年）を読んだ。それによると歴史ある箱根駅伝も戦争中は中断を余儀なくされた。第二〇回、二一回は中止となり、昭和一六年、一七年は「青梅駅伝」となった。昭和一八年は、学徒動員で召集される学生たちに箱根を走らせてやりたいと、関東学生陸上競技連盟は粘り強く軍部と交渉を重ねた。その結果、戦勝祈願という名目で靖国神社を出発、箱根神社を目指し、再び靖国神社に戻るという苦肉の策を打ち出した。名称は「紀元二千六百三年靖国神社・箱根神社間往復関東学徒鍛錬継走大会」であった。参加は一一校、各校は選手集めに苦労し、食糧難の中での練習も過酷であった。しかも選手たちは母校の襷を繋ぐというより、再び箱根を走れることに喜びを感じ、その後、戦地に向かっていったという。

二〇二一年三月一日

深瀬忠一

深瀬忠一（ふかせただかず）という名を知る人はどれほどおられるのだろうか。おそらくキリスト者でもごく少数の人しか知らないのではないか。大学院生時代に起こった恵庭事件に関心を持っていた私は深瀬忠一の名を記憶していた。

昨年『深瀬忠一の人と学問——平和憲法とともに』が新教出版社から出たので読んでみた。深瀬の教え子の稲正樹（いなまさき）氏などが「深瀬先生の人と学問を多くの人に知ってもらいたい」との思いで出版され、憲法学者など二七人が寄稿している。第一部は、深瀬の専門分野の憲法研究を八人の憲法学者が解説している。第二部は恵庭事件や長沼ナイキ訴訟の関係者がつづっている。第三部は深瀬の次女などが深瀬の人となりをしのんでいる。

深瀬は一九二七年に高知県に生まれ、少年時代からエリート軍人の道を歩んだが、一八歳の一九四五年八月一五日を契機に価値観の転換に苦しむ中でキリスト教と出会い、平和を求める人生に踏み出した。やがて深瀬は東京大学で宮澤俊義の下で憲法を学び、一方日本基督教団美竹（みたけ）教会の浅野順一牧師から洗礼を受け、キリスト者として憲法の平和主義を論じるようになる。東京大学卒業後、フランス留学を経て北海道大学法学部で長く教えた。自衛隊の憲法判断を問われた恵庭事件では特別弁護人として法廷に立ち、平和的生存権の重要性を主張した。二〇一五年一〇月に亡くなられている。

恵庭事件とは、一九六二年一二月、北海道千歳郡恵庭町（現・恵庭市）の酪農家の野崎兄弟が陸上自衛隊島松演習場の射撃通信線を切断したことに始まる。検察は野崎兄弟を自衛隊法違反で起訴したが、野崎兄弟は逆に自衛隊を憲法九条違反と主張した。この恵庭裁判の中心的役割を果たしたのが深瀬であった。元被告の野崎健美（のざきたけよし）氏は「恵庭事件は深瀬先生なしには語れない。平和的に生きる権利の重要性を説き、理論だけでなく、行動した方だった」と深瀬の死を悼んだ。深瀬は北海道大学法学部教授であったが、クラーク精神を継承する札幌独立教会の会員として良心の平和を求める不屈の開拓精神の継承者であったといえるだろう。

安倍政権からの改憲の流れの中、深瀬が大切にした平和に生きる権利を広め、改憲の動きを少しでも止める力を持ち続けたい。

二〇二一年四月一日

敗北力

東日本大震災、福島第一原子力発電所事故から一〇年。死者一万五〇〇〇余名、行方不明者二五〇〇余名。その数字の背後には何倍にもなる人たちそれぞれの深い悲しみの日々があったことだろう。

福島第一原発事故が発生した時、専門家から「想定外」という言葉が頻繁に使われた。火災、爆発、大量の蒸気の上昇と尋常でない事態が起こり、原発が崩壊していくニュース映像に釘づけにされていたことを思い出す。衝撃を受けたのは、テレビに登場する専門家たちが、この事故を「想定外」の出来事である、と言ったことである。これまで何度も事故を起こしてきたにもかかわらず、事故防止に何をしてきたのか、「想定外」などという言葉を軽々しく使うべきでないと思った。原発の専門家たちは、どこまで原発事故について「考えられないことを考え」たのか、多くの人の命をあずかっていながら「想定外」ですむ問題ではないはずだ。

鶴見俊輔氏の「敗北力」(『世界』二〇一一年五月号)を読んで考えさせられた。鶴見氏は、七〇歳の時、自分の力が衰えたのに気づき「もうろく帖」を書き始めたという。そして八八歳を超え、「もうろく帖」を読み、出会ったのが「敗北力」という考えであったという。「今回の原子炉事故に対して、日本人がどれほどの敗北力をもって対することができるか。これは日本文明の蹉跌(さてつ)だけではなく、世界文明の蹉跌につながるという想像力を、日本の知識人がもつことができるか」と書いておられる。鶴見氏は、日本人にとって、最もかけがえのないものが「敗北力」だと考えておられる。

かつての日本人の多くは「敗北力」を持っていた、と鶴見氏は言い、「長英戦争に敗北して煙の残る中、伊藤博文は町中を歩いて西洋料理の材料を集め、上陸してきたイギリスの使節をもてなす用意を自ら監督して成しとげた。こんなことができる人を最初の総理大臣にするのだから、当時の日本人は欧米諸国を越える目利きだった」と述べている。日清戦争後の下関条約の通訳にあたったアーネスト・サトウも伊藤博文の、この「敗北力」に感服したそうだ。

それに比べ最近の日本の首相や政治家、官僚たちは、保身ばかりが目立ち、「敗北力」とはほど遠い存在である。

二〇一一年四月一日

オリンピック

コロナウイルスの猛威の収まらない中、三月二五日、聖火は福島県のJヴィレッジを出発した。

聖火ランナーが走る前に宣伝の大型トラックが大音響を響かせ通っていったという。トラックの荷台の上でDJが「福島のみなさん、一年待ちました。みんなで踊って楽しみましょう」と大声で叫んでいたそうだ。日本生命、コカ・コーラなどの宣伝トラックに先導され、後からきた聖火ランナーの姿はかき消されんばかりであったと沿道にいた人は語っていた。コロナの第四波が予測され、ワクチン接種も進まず、庶民に花見の自粛まで要求しておきながら何なのこれはと思う。

武田薫『増補改訂　オリンピック全大会』（朝日新聞出版、二〇一九年）を読み、「平和の祭典」が国際情勢に翻弄されていたことを知る。オリンピックの提唱者ピエール・ド・クーベルタンは普仏戦争で敗れたフランスの若者の体力向上を図ることを目的にオリンピックを考えたという。武田氏は「近代オリンピックの提唱者のスポーツへのアプローチは、とりあえず月並みな富国強兵の思惑にすぎない」と述べている。また「参加することに意義がある」は、クーベルタンの言葉だとされているが、一九〇八年のロンドン大会でイギリスといがみ合っていたアメリカ選手団をなだめるために米国聖公会のエセルバート・タルボット首座主教が礼拝で用いた言葉を、クーベルタンが引用したものである。

オリンピックを戦争に利用した顕著な例はナチス・ドイツである。ゲルマン至上主義を掲げるヒトラーは国威発揚のみならず、他国侵攻の道具としてオリンピックを用いた。「ベルリン大会」で初めて聖火リレーが行われ、後にポーランドに侵攻したナチスの軍隊の進軍路は聖火のルートに妙に符合していたそうだ。

一九七二年の「ミュンヘン大会」では、イスラエル選手団がパレスチナのテロ組織に襲撃され、一一人のアスリートが命を奪われた。当時の中東戦争の余波がオリンピックにまで及んでいた。一九八〇年の「モスクワ大会」、一九八四年の「ロサンゼルス大会」は、アメリカとソ連のボイコット合戦で東西冷戦の対立の場となった。

「平和の祭典」といわれるオリンピックだが、実際には常に何らかの紛争や政治的対立に振り回されてきたと言っても過言ではない。

二〇二一年五月一日

原発の水を海へ

福島第一原発構内の一〇〇〇基におよぶタンクに溜まった「高濃度核汚染水」は、すでに一二五万トンになるそうだ。それを「処理水」と改め、「浄化水」のようなイメージに変異させ、太平洋に放出する方針を菅義偉首相が発表した。

「汚染水」とは、溶け落ちた核燃料（デブリ）を冷やし続ける冷却水と建屋に流れ込む地下水が混じり合ったものという。特殊な装置で放射線物質の多くを除去したものが「処理水」だそうだが、トリチウムという物質は現在の技術では取り除くことは不可能といわれている。トリチウムは放射線の力が弱く海外でも海水放出の実績があり、希釈して徐々に流していけば人体に影響は出ないだろうというのが政府の考え方である。麻生大臣は「飲んでもなんちゅうことない」とおっしゃるならば遠慮せずにお飲みになったらどうか。

ほんとうにこの国はどこに向かっているのだろうか、と考え込んでしまう。そして、友人がこんな替え歌を作って送ってくれた。

一、ある日突然　ボクは決めたの
　汚染水薄めて　海に流すの

いつかそんな日が来ると
ボクは決めていたの
二、（こんなことでいろんな文句がくること）
分かっていたぞ
だからそんな文句　聞きたくないぞ
だってオレは総理大臣だもん
日本でいちばん偉いんだもん

政府・東京電力は、いつまで福島県民を痛めつけるのだろうか。ようやく浜通りの漁業も順調になり始めたのに、今まで必死に耐えてきた漁業関係者の努力が水泡に帰してしまう。政府が海洋放出を決定した直後、全国漁業協同組合連合会の岸宏会長が菅首相と面会し、絶対反対と明言したにもかかわらずだ。

安倍前首相が全世界に発した「フクシマはアンダーコントロール」の大虚言のもと、五輪の聖火リレーの出発地としてうわべだけの復興を演出したとしても、その陰で泣く福島県人が数えきれないほどいる。

二〇二一年五月一日

『正解』

自分で学び、自分で考え、自分でそれを深める、それを支え導くのが教育であるが、今の学校は「正解」ばかりを求める教育を目指している。

RADWIMPS（ラッドウィンプス）は、大ヒットしたアニメ映画『君の名は。』の挿入歌『前前前世』を歌っていた若者に人気のバンドである。二〇一八年にNHKが主催した「一八祭（じゅうはちフェス）」で、このバンドは会場いっぱいの一八歳世代の若者たちと『正解』という歌を大合唱していた。

『正解』は、高校生活を通じて、刺激を受けつつ一緒に歩み、常にその背中を追ってもきた親友と喧嘩別れしてしまった卒業間近な彼が、その親友から離れて独り立ちしていく、そうした時の想いや決意が歌われる歌である。

あぁ　答えがある問いばかりを　教わってきたよ　だけど明日からは
僕だけの正解をいざ　探しにゆくんだ　また逢う日まで

このような想いを抱いて独り旅立とうとする。「君のいない　明日からの日々を」どう生きていくのか、答えを探さねばならない。これからは模範解答、客観的な正解を教わることはない。自分としての答えをどう見出していくのか。歌われる内容は、今私たちが直面する厳しい現実と重なって、深く心に沁みとおる。さらにこうも歌われる。

制限時間は　あなたのこれからの人生　解答用紙は　あなたのこれからの人生
答え合わせの　時に私はもういない　だから採点基準は　あなたのこれからの人生

歌の最後も実に印象的である。「よーい、はじめ」。学校で何度も聞いてきた試験開始を告げる掛け声だ。これを聞くと今でも緊張するが、この掛け声で新しい歩みへの出発を強く促しているのではないだろうか。

現状をどう考え、どう生きていくのか。このような厳しい問いを受けたこともなければ、答えの導き方を教えられたこともない。私たちは自分の人生をかけて、体験を通じて、情報を精査し、自分なりの答えを模索しながら、対応していかねばならない。

新型コロナウイルス感染症と付き合っていく中で、一つの答えを見出していくのには相当長い時間が必要かもしれない。それでも私たちは、正解を問い続けていくしかない。

二〇二一年六月一日

パレスチナ人の苦しみ

五月初めからイスラエル併合下にある東エルサレムでパレスチナ人の立ち退きに対し、パレスチナ住民とイスラエル警察との間で小競り合いが起きていた。五月七日のラマダン月最後の金曜礼拝のさなかモスクでイスラエル警察の武力でパレスチナ人が負傷したことで対立は激化し戦闘状態にまで突入したが、ようやく二一日、エジプトの仲介により無条件停戦の合意に至った。

二〇世紀初頭のイギリスが結んだフサイン・マクマホン協定とバルフォア宣言がイスラエルとパレスチナの対立の根底にある。フサイン・マクマホン協定とは、イギリスがオスマン帝国との戦いを有利にするためにオスマン帝国内のパレスチナ人を武装蜂起させ独立を認める内容であった。一方、バルフォア宣言は、イギリスが戦費調達のためユダヤの大富豪ロスチャイルド家を利用し、ユダヤ人国家の建設を認めるものであった。イギリスの二枚舌のためにイスラエル建国以来ユダヤ人とパレスチナ人の相互不信が憎悪となり、その怨念は深まるばかりである。アメリカを後ろ盾とするイスラエルは、パレスチナ人の基本的人権を認めず、彼らの日常生活を破壊し、生命さえ危険に曝している。さらに、そのような「民族浄化」の暴力行為が、聖書に示された「神の約束の成就」として宗教的に正当化されることで、パレスチナ人の苦しみが一層深められている現実がある。

イスラエルの建国に際して、パレスチナ人を「難民」にさせるとして、最初から世界中のユダヤ人が反対の声を上げていたが、政治的・経済的損得計算を陰に隠して、巨大な資金が軍事面でも情報面でもイスラエル支援に使われていたと言われている。そして、「イスラエル国家＝ユダヤ人国家」と主張される中で、「反ユダヤ主義者」と思われたくない人たちや宗教には干渉すべきでないと考える人たちが少なくない。こうして、パレスチナ人の日常生活の虐殺・悲劇の実態が知られないまま、あるいは誤解されたまま、世界中の沈黙が続いているように思う。

イスラエル建国から七〇年以上がたち、問題は複雑化し、パレスチナ人たちの苦しみは悪化し続けている。かの地から遠い国に住む私たちは「知らなかった」でよいのか。

二〇二一年六月一日

ノビル

コロナ禍で「不要不急の外出は禁止」とはいえ子どもたちも教室に閉じこもってばかりでは退屈だろう。散策の途中に小学生が写生をしているのに出会った。子どもたちの傍らにノビルやツバナが群生しているのを見つけたので「この草の名を知っている」と聞いてみたが、「わかんな〜い」という答えが返ってきた。

最近の子どもたちにとっては、万葉の時代からなじみの草もただの雑草にしか見えないのだろう。戦後、南多摩郡鶴川村三輪（現・町田市）で過ごしていた小学生時代、食糧難でもあり、タニシ、川シジミ、セリ、ノビル、アケビ、山芋、蜂の子、桑の実など自然の食べ物を食べていた。この他に、どの農家の庭にも柿や栗の木が植えられていて、子どもたちが少々失敬しても怒られなかった。

ノビルの名の由来は、野に生える蒜（ヒル）から来ている。蒜はネギ、ニラ、ニンニクなど匂いがあって食用とするネギ属の総称を意味し、食べるとヒリヒリすることから来ていると言う。

ノビルは「食べられる野草」であるが、今までは積極的に栽培されてこなかった。最近は長野県などの農園がノビルを作り、通販などで販売するようになっている。味はタマネギに似た香りと辛みがあり、アサツキなどよりも強い香りを感じる。調理方法は、一般的には球根も一緒に湯がいたり、酢味噌などの味付けで食べたり、軽く湯通ししてぬたにしたり、みそ汁の具や薬味として食べる。一年中採取して食べることができるが、五月から六月が旬であるとして、俳句の季語としても「春」になっている。

植物図鑑で万葉集の中に「醤酢に　蒜搗き合てて　鯛願ふ　我にな見えそ　水葱の羹」という歌を見つけた。歌の意は「酢味噌和えのノビルと、鯛を食べたいと思っているのに、ナギのお汁なんか見せないでください」というものであり、ノビルを鯛と並ぶ美味しい食材として扱っている。このようにノビルは万葉の時代から美味しいものだったようである。

母がノビルの球根を天日乾燥させて薬にしていた記憶がある。球根の乾燥粉末を砂糖湯で溶かしたものを飲まされたり、蜂に刺されたときに生のノビルをすりつぶして患部につけられた記憶がある。

二〇二一年七月一日

党首討論

かつて国会討論は迫力のあるものだった。少なくとも質問に対してまともに答えようとする姿勢が見られた。しかし最近の国会中継は不愉快で見る気がしなくなった。なぜならば答弁する側のあからさまな時間稼ぎがあるからだ。

特にひどくなったのが安倍首相からで、質問に答えず、関係のない話を延々としたり、過去の答弁を長々と読み上げていた。安倍首相の答弁は質問者ばかりでなく国民を愚弄するものであった。

安倍の忠実な後継者菅首相も、同じ手法で国会答弁を続けている。久しぶりの党首討論だったが、聞いていてイライラを通り越してテレビに向かって怒鳴っていた。菅首相は質問に答えず、関係のないことばかりおしゃべりしていた。

質問者が五輪の開催で国民の命と健康が脅かされるのではないかと問うたのに対し、菅首相は来日する五輪関係者の人数の縮小や海外メディアのＧＰＳによる行動管理などについて話すだけで感染拡大をどのように防ぎ、安心・安全な大会にするか答えなかった。それどころか、五七年前の東京五輪を高校生として迎えた時の思い出話を延々と語った。質問者の持ち時間を減らす時間つぶし作戦である。また別の質問者の感染が拡大する中で五輪を開催しなければならない理由に対しては、国民の命と安全を守るのは総理大臣の責務だ、と言うだけであった。

法政大学の上西充子教授は、聞かれたことに答えない菅首相の態度を、質問を食べてしまう「やぎさん答弁」と呼んでいた。自らの本音を語らない菅首相は国民に全く責任を果たしておらず、無礼でしかない。

党首討論では各党に与えられた質問時間はわずか一五分である。一年に一度の党首討論は互いの政策をぶつけ合う内容の深いものでなければならない。そのためには少なくとも質問者には一時間の質問を与えるべきである。

さらに不誠実な答弁をさせないために、国会の質疑においては質問者に与えられた時間と答弁時間とは切り離してカウントすべきだと思う。答弁逃れの時間稼ぎができないとわかれば今のようなダラダラ饒舌は効果が無くなり、質問者はじっくり答弁を引き出すことが可能になるはずだ。党首討論を聞いていて高校の生徒会に学べと言いたい。

二〇二一年七月一日

自然災害

二〇一四年八月の広島市豪雨土砂災害で教え子を失った妻は、「あんな場所に住宅をつくるなど考えられない」と憤慨していた。「あんな場所」とは、広島市安佐南区八木地区のことである。一時、広島に住んだ妻は、従兄に連れられて山登りなどしていたそうだ。「あんな場所」には多数の古墳や遺跡があり、開発などするところではないと思っていたそうだ。

七月三日に熱海市伊豆山で大規模な土石流が発生したが、その原因は盛り土にあると静岡県は言っている。今頃になって静岡県は小田原の不動産業者が土地取得後から不適切な行為を繰り返し、県と熱海市は再三にわたり行政指導してきたと説明した。またもや自然災害の陰にある「人災」により尊いいのちが奪われた。

欧米の人たちは、社会は人間が創造したと考えていたが、かつて日本人は、社会は自然と人間でつくられていると考えていた。だから日本では、自然がどのような社会を求めているのかという視点を人間が持たなければならなかった。

春が過ぎれば、夏がやってくる。自然にとってはそれが何よりのことである。それが維持されていれば、春に花が咲き、秋には実が落ちて、虫や鳥、動物たちが暮らす自然の世界は守られる。自然にとっては自然災害などどうということもないのだ。崩落や洪水が起こっても、自然はその変化を受け入れ、再び新たな自然をつくりだしていくからだ。

自然にとっての脅威は、人間によってもたらされる変化である。コンクリートとアスファルトによって固められた都市は、自然が生きることを拒絶している。自然を排除してしまったかのような河川や海岸の護岸工事。戦争や有害物質、放射性物質などによる汚染を含めて、人間は自然が無事に生きられない世界をあらゆるところでつくりだしてしまった。そしてそれは人間にとっても同じだった。

かつての人間は、自然災害に対しては、被害を最小限に食い止める知恵を働かせてきた。洪水や崩落が起きやすい場所には家を建てず、いざというときの逃げ路も確保していた。ところが現代の社会は、大災害を生みやすい構造をつくってしまった。もしも東京で大地震が起きたら、一体どれだけの被害が出るのだろうか。自然災害が、人間がつくった社会構造によって大災害になっていくとしたら、それは「人災」と言ってよいだろう。

原発事故によって安心して住めない広大な地域が生まれたように、大きな災害の陰には、人間の自然を意のままにせんとする行為が隠されているのだ。

二〇一一年八月一日

戦時下の絵本

山中恒『戦時下の絵本と教育勅語』（子どもの未来社、二〇一七年）を読んだ。山中氏は『おれがあいつであいつがおれで』（映画『転校生』の原作）、『あばれはっちゃく』などのコミカルな童話のほか、戦時下の資料に基づく『ボクラ少国民』シリーズでも知られる。

山中氏は一九三一年生まれで、軍国主義教育を受けた世代である。軍国主義を声高に主張していた大人が、戦後手のひら返しで豹変したことに憤慨したという。自分たち子どもが騙されていたという体験が彼の創作のもとになっている。大人の言うことを信じるな、自分の頭で考えるようにと、子どもたちに向けて一貫したメッセージを作品に込めている。

一九四一年四月に「尋常小学校」が「国民学校」に改組されたが、国民学校は国家総力戦体制のための皇国民錬成教育の場であったと山中氏は語る。

「学校で一番尊い場所は『奉安殿』だと教えられました。これは天皇皇后の写真や勅語謄本（教育勅語の写し）などが格納してあるという小さな御殿ふうの建物で、正門のそばにあり、その前を通るときは、いったん立ち止まって、奉安殿に向かって最敬礼するのがきまりでした。意地の悪い教師が物かげに隠れて監視していて、最敬礼しなかったり、いいかげんな頭の下げ方をしていると、飛び出してきてやり直しをさせたり、なぐったりしました。一年生の女の子が平手打ちを食わされて、吹っ飛ぶのをみたこともあります」。

一九三一年の満州事変から絵本の中で「爆弾三勇士」など軍人の美談が多くなり、また大正デモクラシーの影響を受けていた児童文学にも軍国主義的な色彩を帯びた「死んでもラッパを口から離さなかった木口小平（きぐちこへい）」の話などがとりあげられるようになったと述べている。「忠君愛国」の教えを、わかりやすい絵本の美談で子どもたちに読ませることで、教育勅語の精神をしみこませ、天皇の忠実な臣民に育てていったのである。

一九四二年、大東亜戦争一周年の「国民決意の標語」募集に国民学校五年生の少女の「欲しがりません勝つまでは」が入選し、子どもたちでさえ耐えているのだから大人たちも窮乏に耐えよ、と権力側は呼びかけ、標語を有効に利用していたという。実際の作者は少女の父親で娘の名前で応募していた。しかしこの少女は、戦後「戦争犯罪人」だと非難されたそうだ。このように子どもたちは国の都合のよいように教育されていたのである。

二〇二一年九月一日

汝自身を知れ

安倍政権、菅政権の閣僚たちで自らの不始末を恥じて、責任をとって辞任した人は一人もいない。自己を美化する空疎な言葉ばかり。彼らに向かって「汝自身を知れ」という言葉を送りたい。

古代ギリシャのデルフォイにあるアポロンの神殿に「汝自身を知れ」という言葉が刻まれていたという。この格言は「人よ、汝は死すべき者たるを自覚せよ。不死なる神のごとくあらんとするなかれ」という意味であり、神託を聞くために訪れた人に向かって発せられたアポロンのメッセージであったと伝えられている。

プラトンの『ソクラテスの弁明』（久保勉訳『ソクラテスの弁明　クリトン』岩波文庫、一九五〇年）の中に、ソクラテスを信奉するカイレフォンがアポロンの神殿に行き、ソクラテス以上の知者はいるかと問うたところ、誰もいないという答えがあった、と述べられている。それを知ったソクラテスは、アポロンの神託に反駁しようと世の知者と称している者を訪ねて問答することにした。その結果、知者と称する者は、何も知らないのに何でも知っているかのように振る舞っていた。そして彼自身は、自ら何も知らないことを知っていることに気づいたという。

紀元前五世紀のアテーナイには、知者と自称するソフィストたちが、青少年に「立派な人間になる」知識を与えていた。ソフィストたちの「立派な人間になる」とは、この世で立身出世することであった。ソフィストたちは青少年を「よい人間」に育てるのだと自負していた。しかし、その場合の「よい人間」とは何なのか、人間存在の根本に関わることをせず、便宜的に既成の知識を教えていただけであった。

それに対してソクラテスは、ソフィストたち、当時の政治家や文化人たち、そして自分自身に向かって、「真」とは、「善」とは、「美」とは、「人間」とは何なのか問いかけていた。ソクラテスは、人生において最も単純にして基本的な問いを発していたのである。

この問いを前にして政治家であれ、文化人であれ、青少年であれ、誰しも一人の人間として、まさに死すべき人間として、全く同じ「無知の知」の地平に立たされる。しかしそこでソクラテスは、自分は何も知らないということだけを知っているという「無知の知」という自覚に達した。

二〇二一年九月一日

一九六四年の東京オリンピック

一九六四年一〇月一〇日、東京オリンピック開会式は、初めてアジアで開催された。その直前に国立競技場などが完成し、新幹線、首都高速道路、モノレールも整備された。ほとんどの家庭にテレビが備えられ、バレーボールの「東洋の魔女」、マラソンのアベベ・ビキラや円谷幸吉、体操のベラ・チャスラフスカたちの活躍に無我夢中になっていた。東京オリンピックは敗戦からの復興を象徴するスポーツの祭典であったが、同時にそこには戦争によって中止となった幻の東京オリンピックの影がちらついていたとも言えよう。

作家杉本苑子氏は、東京オリンピック開会式に学徒出陣壮行会のことを思い浮かべていたという。

「二十年前のやはり十月、同じ競技場に私はいた。女子学生のひとりであった。出征してゆく学徒兵たちを秋雨のグランドに立って見送ったのである。（中略）学徒兵たちは制服、制帽に着剣し、ゲートルを巻き銃をかついでいるきりだったし、グランドもカーキ色と黒のふた色――。暗鬱な雨空がその上をおおい、足もとは一面ぬかるみであった。寒さは感じなかった。おさない、純な感動に燃えきっていたのである。私たちは泣きながら征く人々の行進に添って走った」（『神奈川新聞』一九六四年一〇月一一日）。

杉本氏は色彩鮮やかな開会式に、どことなく不安を感じずにはおられなかったのだろう。一〇月一〇日の開会式にインドネシア選手団と北朝鮮選手団が一斉に帰国するという出来事もあった。インドネシアのスカルノ大統領が主催した反植民地主義・反帝国主義のスポーツ大会に参加した選手をＩＯＣが資格停止にしたため、全選手の参加が認められない不当を訴え両国の選手団は引き揚げてしまった。

その当時、私は東京都立大学院修士課程を修了し、東洋史研究室に残っていた。朝鮮史の旗田（はただ）巍（たかし）教授から北朝鮮の選手が朝鮮戦争で肉親と生き別れになり、韓国で暮らす父と一四年ぶりに五分間だけ、東京の朝鮮会館で再会することができたという話を聞き、あの戦争はまだ終わっていないのだと思った。いかに競技場で平和な光景が繰り広げられていたとしても第二次世界大戦の傷跡は癒えておらず、国家が分断され対立していることにより自由な往来と交流が妨げられていることに気づかされたのだった。

二〇二一年一〇月一日

伏見の旅

「京都市伏見区一六九・一七〇合地」に一九三八年一二月一日、妻の実希子が誕生している。当時、父庄下亮一（しょうげりょういち）は京都伏見の歩兵第九聯隊長であった。

庄下亮一は山口県吉田村（現・下関市）の大地主の家に生まれたが、祖父の散財により家屋敷を失い、官費で入学できる陸軍士官学校を受験し、軍人の道を選ばざるを得なかった。陸軍士官学校では歩兵科首席で恩賜の銀時計を授与されている。その後、日中戦争などに従軍、一九四三年、旅団長としてニューギニアで残存部隊を脱出させるべく山中を転戦し、日本軍を撤退させた。重傷を負いながらも幸いに生還することができた。戦後、A級戦犯として召喚されたが、まもなくそれも解かれ自由の身となる。しかし、「庄下亮一は死んだ」と宣言し、一切の要職に就かず、信念を曲げずに人生を閉じた。他の軍人と違う気骨があった。

四年前、妻が健康な間に彼女の生まれた場所を訪ねたいと思い、初秋の京都に向かった。かつて伏見は「軍都」であった。現在、京都医療センター（妻が生まれた仁科病院の跡）、京都教育大学、聖母女学院、龍谷大学などはすべて陸軍施設のあった跡地である。

聖母女学院の本館は、第十六師団司令部があった場所であり、京都教育大学・まなびの森ミュージアムは、第九歩兵聯隊司令部のあった場所であった。藤森神社の境内にある第九歩兵聯隊の碑には誇らしげな文章があった。日露戦争後、伏見に第十六師団が置かれると、伏見深草一帯に陸軍施設が次々と作られていった。京都駅から兵士や武器・弾薬を運ぶ軍用道路が必要となり、疏水と鴨川の狭い土地に「師団道路」も作られた。「師団道路」は現在でも伏見への幹線道路として利用されているようであった。

今もあちこちに戦争の跡を見ることができる。わずか七〇年ほど前、ここには陸軍の司令部・飛行場・練兵場などがあり、滋賀や京都から集められた一〇代の青少年が、自分の意志と関係なく「赤紙」一枚で召集され、侵略戦争に加担させられた場所である。再び若者を戦場に送り出してはならぬのである。人知れず残る戦争の跡を訪ね、「犬死」は誰のせいであったのか改めて考える契機となった。またしばし義父の面影を偲ぶ忘れられない旅となった。

二〇二一年一〇月一日

慰安婦について

「慰安婦」問題は、日本が放置してきた戦争責任、戦後責任が問われている歴史課題であり、女性への重大な人権侵害である。

ところが今年四月に政府は閣議で「従軍慰安婦」はなかったとの見解を発表した。すると教科書会社は、これまでの「従軍慰安婦」の記述を「慰安婦」と変更することに決めた。教科書会社は検定を恐れての措置か、こぞって政府に忖度してしまった。

従軍慰安婦については韓国での訴訟もあって何度も国会で議論されてきたが、政府は、旧日本軍が人さらいのようにして慰安婦を動員した証拠はないと説明している。もし、政府が言うように日本軍が自らそのような組織を持つことがなかったとしても、日本軍及び日本という国が女性の人権を無視した行為に加担したことは否定できない。すべての教科書会社が政府の説明に右にならえするとは余りにも情けない。次に「慰安婦なんていなかった」と政府が主張したら、教科書会社は教科書から慰安婦の記述を削除してしまうのだろうか。歴史が歪められつつある。

二〇一六年、ユネスコの「世界の記憶」に「日本軍の『慰安婦』の声」を他団体と共同で登録申請した「アクティブ・ミュージアム『女たちの戦争と平和資料館』」（ｗａｍ）という団体があることをご存じだろうか。この団体は、国内外の市民の力で、被害女性が求める真相究明、日本政府の謝罪と賠償、次世代への記憶の継承の実現に取り組んでいる。この団体は、「慰安婦問題を追及する女性法廷」の提案者であった松井やより氏の遺志を継承して二〇〇五年に創設された。彼女は「いと小さい者のために」生きることを志したジャーナリストであった。ｗａｍは、「従軍慰安婦」を否定する「朝日赤報隊」を名乗る右翼団体から爆破予告が届くなど、創設当初から脅迫や嫌がらせを受けてきた。

現在でも世界の紛争地や軍事政権下では、女性への性暴力が絶えることなく続いている。その根絶のためにも、戦時性暴力と性奴隷制の真相究明、被害者への謝罪と賠償は実現していかねばならない重要な課題である。二〇〇〇年の「女性法廷」が到達した地点を再確認し、日本の戦争責任、戦後責任に向き合い、日本が戦争への道へと進まないよう監視していく必要に迫られている。

二〇二一年一一月一日

九大生体解剖事件

遠藤周作『海と毒薬』（文藝春秋新社、一九五八年）は、戦争末期の「九大生体解剖事件」を題材にした小説である。

今年八月、同じ事件を題材としたＮＨＫの終戦ドラマ『しかたなかったと言うてはいかんのです』が放映された（原作は熊野以素『九州大学生体解剖事件』岩波書店、二〇一五年）。戦時中「生体解剖事件」に関わった大学医学部助教授の鳥居太一（妻夫木聡）が、戦後占領軍に逮捕され、戦犯容疑で死刑判決を受ける。妻の房子（蒼井優）は裁判で歪められた真実を明らかにし、判決を覆そうと奔走する。二人の迫真の演技に引き込まれていった。

「九大生体解剖事件」とは、太平洋戦争末期、墜落した米軍飛行士を捕虜とした西部軍司令部が、九州帝国大学医学部に依頼して、彼らを実験手術のために生きたまま解剖したという事件である。本来、捕虜は軍律会議にかけ、一般俘虜（ふりょ）とするか戦時特別犯罪人とするか決定し、俘虜ならば捕虜収容所に入れ、戦犯なら罰する決まりであった。だが日本軍は軍律裁判を行わず、処刑することが多かった。

玉音放送の後、西部軍は仮設収容所の捕虜を惨殺し、生体解剖された捕虜たちは焼却、捕虜殺害の隠蔽工作が行われている。

ドラマの主人公太一は、実在した鳥巣太郎氏、妻房子は鳥巣蕗子氏がモデルである。作家上坂冬子（かみさかふゆこ）氏の『生体解剖――九州大学医学部事件』（毎日新聞社、一九七九年）の巻末に、鳥巣太郎氏へのインタビューが掲載されている。

上坂氏が「事件当時、第一外科の医局員は一体どうすればよかったのか、ああするほかに仕方がなかったのではないか」と問いかけるのに対し、「それを言うてはいかんのです。おっしゃっちゃ駄目なんです。どんなことでも自分さえしっかりしとれば阻止できるのです」と答えている。上坂氏は、「一つの組織が時の激流に巻き込まれた場合、個人的良心などどなんと非力なものであるかと、思っていたが、強烈な一撃によって私は救われたようだ」と述べている。

この裁判の公判記録はアメリカの米国国立公文書館に秘かにダンボール四箱に納められていたが、一九七九（昭和五四）年に日本に返還された。それによると、捕虜の「生体解剖」の主役であった西部軍の司令官や参謀、大学の責任者たちは、自らの罪を免れるために下の者が勝手にしたのだと証言していたという。

今私たちも鳥巣氏の言葉を肝に銘じて生きねばならぬ。

二〇二一年一一月一日

サンタクロースを信じた少年

小学六年のクリスマスの朝のことであった。枕元に真新しい革のグローブが置いてあった。この年のクリスマスは、私にとって生涯忘れられないものとなった。同時に私のサンタクロースへの疑いはいっぺんに吹き飛んでしまうほどの衝撃を受けた。

いつもクリスマスの一週間ほど前になると、母が「サンタのおじいさんにお願いしてあげるからほしいものを言ってごらん」と私たちに尋ねた。私たちは相当前から心に決めていたサンタのプレゼントを母に答えるのだった。その年、六年になり野球チームの主将になっていた私は「どうしても革のグローブがないと格好がつかない。サンタのおじいさんにお願いしてくれる」と母に必死に頼んだ。すると母は「そうね、サンタのおじいさんにお願いしてみるけれど、サンタのおじいさんも悩んでしまうかもしれないよ」と言う。私は少し欲張りすぎたお願いかな、と思った。

実はこの年のクリスマスの前にサンタクロースのことで友だちと言い争いをしていた。彼は野球チームで仲の良い友だちであったが、父親が進駐軍に勤務していたのでアメリカ製のすばらしいグローブを持っていた。私のグローブは母が、父の戦地から持ち帰った背(はい)

嚢（のう）を裁断して作ってくれたものだった。クリスマスが近づいたある日、私は彼に「サンタのおじいさんが革のグローブをプレゼントしてくれるよ」と何気なく言うと、彼は「サンタクロースなど迷信だよ。きっときみの親がグローブを買ってきて枕元に置くんだ」と言って私をからかったのをきっかけに大喧嘩になった。

　この喧嘩で奇妙にも私は真剣にサンタクロースを信じるようになった。クリスマスの夜、私は床についたがなかなか眠れなかった。もしかしたらサンタのおじいさんは、グローブでなく別のものを置いていくかもしれないなどと思っていた。

　いつごろサンタクロースから卒業したのか覚えていない。しかし、父と母は、子どもたちの夢をこわさないように、なつかしい思い出を作ってくれた。長女は私と同じ年頃に教会の控室にいたサンタクロースと偶然に出会い、「お父さん、サンタのおじいさんが眠っているのをみたよ」と興奮して私に言ったことがある。

二〇二一年一二月一日

『街の灯』

一年が過ぎるのがとても早い。年をとったせいもあるだろうが、どうもそれだけだとも思われない。次々と新しい情報が行き交うこの時代はことさら世の中が騒々しく、時間があわただしく過ぎ去るようにも思われる。そんなひと時、心温まる映画を見た。

老人ホームのシアタールームでチャップリン監督・主演の『街の灯』（一九三一年）が上映された。池袋の文芸坐であったかと思うが、妻となる女性と見たことがあった。見終わった後、彼女は座席を動こうとしなかった。

コメディ映画ではあるが、ストーリーは浮浪者と花売り娘の純愛物語である。チャップリン扮する浮浪者は、街で花を売っている盲目の娘に一目ぼれするが、娘からは大富豪と勘違いされてしまう。浮浪者は、清掃員になり、稼いだ金を娘のために使い、紳士のように振る舞って彼女を援助する。しかし、娘は家賃滞納で部屋の立ち退きをせまられ、その上病の床についてしまう。浮浪者は大金を目当てにボクシングの試合に出場するが、対戦相手に倒されてしまう。その夜、以前命を助けた酔っ払いの大富豪と遭遇し、邸宅に連れて行かれる。浮浪者が娘の事情を話すと、大富豪は家賃と手術代として、一〇〇〇ドルの大金を出してくれる。浮浪者は娘に一〇〇〇ドルを手渡すことができたが、警察から強盗犯と間違えられ逮捕されてしまう。

それから数年の月日が流れたある日、出所した浮浪者が子どもたちに笑いものにされているのを、立派な花屋を営む女性が見ていた。その女性の姿を見た浮浪者は、思わず笑みを浮かべる。彼女が浮浪者にお金と一輪の花を恵もうとして、手を握った瞬間、「あなたでしたの」と声をあげた。「見えるようになったんだね」と言う浮浪者に、彼女は「ええ、見えるようになりました」と答えてほほえみ、彼も笑顔を返した。

この映画を見て、私は速水敏彦先生の『イエスのほほえみ』（聖公会出版、一九九四年）という本を思い浮かべた。速水先生は、人生を生かすほほえみとして、ご自身が経験した少年の頃の「ほほえみ」について書いておられる。「小学一年生の時に、今でもはっきり名前を覚えている小野京子ちゃんは、いつもトシヒコさんと言って、非常にやさしく、ほほえんでくれた」。それが自分の支えになっていたとある。

二〇二二年一月一日

学術会議への政治介入

私たちは、今から七五年前に戦争のない社会を作ろうと決意し、そのために税金を自分たちの所得から拠出することを決めた。

かつて学問は軍部や政府の命令に従い行われていた。そして悲惨な戦争に突入した。これを反省して憲法に「学問の自由」を明記した。学問研究は常にその時々の通説・常識への挑戦なので、時の政府からは好まれないことが多いからである。政府に都合のよい学問だけに税金を支出したり、逆に都合の悪い学問には税金の支出が止められることのないように、私たちは命じた。研究者が学問を自由にできるような仕組みを作り、そこに税金を使い、多様な研究を通じて社会の将来の可能性を広げようとしたのだ。

昨年、菅義偉首相が学術会議の新会員候補六名の任命を拒否する出来事が起こった。菅首相は「適切に処理した、違法なことではない」と言ったが、拒否の理由には全く触れなかった。六人の学問的業績が学術会議会員の名に恥じないことは、学会では周知の事実であった。素人が常識的に考えても今回の措置は、政府に批判的な論を発信する発言力のある学者を排除しようとする措置と言ってよいだろう。

こうした措置を政府が取ることは、学問の自由、言論の自由を脅かすことになり、民主主義と憲法をないがしろにすることにつながる。個人がそれぞれの意見を言う自由が確保されること、個人がそれぞれの異なる意見に謙虚に耳を傾けることが、民主主義の健全な在り方であろう。

菅首相による任命拒否は、学術会議の独立性を危うくするだけでなく、まだ発展途上にある日本の民主主義を踏みにじる暴挙としか思われない。かつて教育界の末席を汚した者として、一市民として、「学問の自由の侵害」だと言いたい。

自分の得意なことは人の意見に耳を傾けることだ、と岸田首相は得意げに言っていた。その岸田首相の所信表明に対する代表質問で共産党の田村智子氏が「学術会議が推薦した六名の委員を改めて任命するよう」求めた。しかし岸田首相は「当時の首相が判断したもので、手続きは終了したと承知している」と述べ、学術会議が求めている任命には応じないと答えた。自ら判断を示すことができない岸田首相は、あまりにも情けないではないか。

二〇二二年一月一日

学校法人のガバナンス改革

文部科学省の「学校法人ガバナンス改革会議」は私立学校の健全な経営と教育研究の発展を阻害し、建学の精神を瓦解させる重大な問題を提起した。それは「学外者のみで構成される評議員会が、学校法人の重要事項と議決と理事及び監事の選解任をできる」という点である。

それに対して日本私立大学連盟は「評議員会は、学外者を一定割合以上確保した上で教職員や設立関係者などの構成により、私立大学の公共性と健全な発達を推進する」という提案を「改革会議」に提出した。

今般の一部学校法人の不祥事を取り上げて、文科省は学校法人のガバナンスを私企業のようなものとさせる、という意図が見えるが、そもそも、株式会社におけるガバナンスの在り方を学校法人に当てはめること自体、滅茶苦茶である。株式会社は、ステークホルダーである株主からの委託を受けて取締役会が意思決定、執行等を行うというスキームであるのに対して、学校法人の評議員会に役員の選解任の権能を与え、重要事項を決定するとなると、評議員会は誰からの委託を受けて任に当たることになるのかの説明もつかず、委任と受任との関係性に矛盾が生じることになる。当該学校法人の理念や教育・研究の諸方針に精通していない学外者が、学校法人の重要事項を決することなどできないはずである。学校法人がガバナンスを強化すべきことは言うまでもないが、それはガバナンス・コードの活用など、自律的になされるべきである。

二〇二一年一二月三日に開催された「改革会議」で報告書がまとめられた。その後、私大連と文科省事務局とのやり取りが公表されたが、私大連側にとって納得のできるものではなかった。その会議前に文科省事務局側は、広く意見を吸い上げたいと発言していたが、会議後「ヒアリングは十分行ったので行政は報告書通りに法制化をやるべきだ」と結論づけた。しかし、文科大臣は関係者の意見が十分に反映されていないことを認め、報告書以外に各方面の見解も聴取することを明らかにした。

かつて学校法人の理事長を務めた者として「改革会議」の議論に注目している。まさか「訓令一二号」でキリスト教学校が存続の危機に直面した時代に戻ることはないと思うが。

二〇二二年二月一日

人に成る

今年は「成人＝二〇歳」として迎える最後の成人の日である。「成人」というのは、「人に成る」と書く。一人の人格を持った存在となるということである。私という人格を持つことである。

これから成人となった若者が生きる世界はどうなるのだろうか。アメリカと中国の貿易戦争や覇権争い。イランや北朝鮮の核問題。人とモノが自由に世界中を行き交い、国境が低くなり、アマゾン、フェイスブック、アップルのようなグローバル企業が、世界中の人の身近にある一方で、「世界はグローバリズムに疲れた」とフランスの歴史家エマニュエル・トッドは言う。そして、気候変動、原発処理など世界にはあまりにも多くの課題が山積している。これが成人となった若者が出て行く「世の中」という舞台である。

そこで何をすればよいのだろうか。どうすればよいのだろうか。それは、必要とされている時、必要とされている場で、「私」という人格をもって、求めに応えることではないだろうか。

三世紀の聖人クリストフォロスの話である。彼は、誰よりも強くなりたかった大男である。父親を最も尊敬していたが、ある時、父親が王様に税金を払っていることを知り、父親よりも偉い人がいるのかと思い、王様に仕えるようになる。

その王様が、「自分には怖い者がいる。それは悪魔だ。悪魔は怖い」と言う。するとクリストフォロスは悪魔の弟子となる。

悪魔は彼に町を壊してくるように命じる。「ただ教会だけは壊してはいけない。王の中の王が住んでいるからだ」と悪魔は言う。それを聞いて彼は「悪魔よりも強い王の中の王がいるならば、一度会ってみたい」と思うようになる。

それで彼は、その王が来るといわれていた川に行き、人が川を渡る時に背負って渡らせる川渡しの仕事をするようになる。

ある日、小さな男の子が川を渡りたいというので、背負って渡り始めるが、だんだん川の流れが激しくなり、しかも男の子が重くなっていく。やっとのことで川を渡り終えて、男の子に「いったい、きみは何者だ」と尋ねると、「私はイエス・キリストである。全世界の人を背負っているから重いのだ」と言ったという。

二〇二二年二月一日

佐渡金山と「群馬の森」の追悼碑

佐渡金山のユネスコの世界文化遺産への推薦をためらっていた岸田首相が決断した。自民党の高市早苗政調会長が国会で「韓国への外交的配慮は検討事項なのか。国家の名誉にかかわる事態だ」と質問すると、「いわれなき中傷には毅然として対応する」と岸田首相は応じ、その直後に閣議で申請すると決めた。

登録に向けた関係者の努力に水を差すつもりはないが、今優先して決断すべき問題とは思われない。歴史の遺産を語るならば、その悲惨な出来事も反省をこめて伝えねばならない。佐渡の金山に植民地朝鮮半島から労働者を強制連行して働かせたのは、歴史的事実である。

そのニュースを見ながら、高崎市の県立公園「群馬の森」の一角に建てられた、群馬県内で動員され犠牲になった朝鮮人労働者の追悼碑のことが浮かんできた。公有地に建てられたという点では全国初のケースとして注目され、多くの人が訪れている。私も二〇〇六年の第三回追悼集会に参加した。その追悼碑には、「二一世紀を迎えたいま、私たちは、かつてわが国が朝鮮人に対し、多大の損害と苦痛を与えた歴史の事実を深く記憶にとどめ、心から反省し、二度と過ちを繰り返さない決意を表明する」と刻まれている。

「追悼」という言葉を『広辞苑』で引くと、「死者をしのんで、悼み悲しむこと」と記されている。「慰霊」という言葉も同じ意味でよく用いられるが、これは「死者の霊を慰めること」とあり、「霊」という言葉には、宗教的な意味がこめられて、それぞれの宗教で考え方、やり方が違ってくる。

ここではやはり「追悼」という言葉によって、戦時下に強制的に連行され、過酷な労働に従事させられて犠牲となった多くの朝鮮人の方々のことを偲び、その死を悼み、悲しみ、覚える機会となる。それは、決してただ私的で個人的な慰めで終わらせるのではなく、その「苦しみ、悲しみを共にする」ことによって、二度とこのような痛ましい過ちが繰り返されないようにという、公的、責任的な決意を新しくする機会でもある。

「群馬の森」の追悼碑もアジアの国々との和解と友好のために建立されたものであり、「記憶　反省　そして友好」から未来を築くことができる〔※なお群馬県は二〇一四年に、追悼集会で「政治的発言」があったとして、追悼碑の設置期間更新を不許可。処分取り消しを求めて市民団体が提訴したが、二〇二二年六月に最高裁は上告を棄却。県は二〇二三年六月までの碑の撤去を求めている〕。

二〇二二年三月一日

大谷翔平

いよいよシーズン開幕、ロサンゼルス・エンゼルスの大谷翔平選手は今年どのような活躍を見せてくれるのだろうか。

昨年伸び伸びとしたプレーと笑顔で日米両国の老若男女の心をときめかせた大谷は、野球の神さまベーブ・ルース以来の二刀流で輝かしい戦績を残した。天使の力がほんの少し足りなかったか、ホームラン王と二桁勝利を逃したが、「投、打、走」に超人的な力を発揮した。そして、コミッショナーの特別表彰、現役選手たちの投票による年間最優秀選手「プレーヤー・オブ・ザ・イヤー」にも選ばれ、さらにアメリカン・リーグの最優秀選手賞（MVP）にも選ばれた。

海を渡って五年目、決して順風満帆な四年間ではなかったといえる。二〇一八年の一年目こそホームラン二二本、打率二割八分で新人王を獲得したが、シーズンオフに右肘靱帯の再建手術を受け、二〇一九年は二刀流を封印して打者だけに専念せざるを得なかった。そしてまた、シーズンオフに左膝の手術も受けている。そして、二〇二〇年は投手として勝ち星はなく、打者としても打率二割を切り、ホームランもわずか七本に終わっている。

昨年のシーズン前に「二刀流をやるために米国に来た。できるということを証明したい」と語り、投打の同時出場や登板日前後の打者出場を訴えた。そして、大谷はその言葉通り目覚ましい実績を残した。

佐々木亨（ささきとおる）氏の『道ひらく、海わたる』（扶桑社文庫、二〇二〇年）にあるように、大谷はよき指導者に恵まれたといえよう。花巻東高校の佐々木洋（ささきひろし）監督は、一人一人の選手にあった言葉を選んで指導していたという。「言葉こそが大事なんだ――。佐々木監督はいつもそう言うのである」と著書にある。

また北海道日本ハムファイターズの栗山英樹監督は、ドラフトで一位指名した後の大谷との面談で「僕は『日本ハムへ来てください』ということは一言も言いませんでした。大谷の夢を叶えるんだったら、俺だったらこうします。そういう話をさせてもらいました」と語っている。また大谷のメジャー挑戦に何度も面談し、「大谷から『成功するとか失敗するとか、僕には関係ない。やってみることのほうが大事なんです』と打ち明けられ、快くアメリカへ送り出そうと決めた」と栗山監督は語っている。

二〇二一年三月一日

チェルノブイリ原発事故

ロシア軍はウクライナ南部にあるザポロジエ原発を制圧した。ザポロジエ原発が爆発すれば、チェルノブイリ原発事故の一〇倍になるという。当時、死の灰は日本にまで達したことを記憶している。一九八六年四月二六日にソ連のチェルノブイリ原子力発電所で原子が暴走するという史上最悪の事故が起こってから三六年になろうとしている。

チェルノブイリ原発事故では大気中にばらまかれた死の灰（放射線核分裂生成物）は、実に広島型原爆の五〇〇倍に達していたという。この異常に高い放射能値は、一二〇〇キロも離れたスウェーデンで最初に探知されて、その影響はヨーロッパ全域を越えて、世界中に大きな衝撃波を走らせた。事故現場から吹き上げられた死の灰は、五月初めには、まさかと思われた八〇〇〇キロも遠方の日本にまで到達したことが確認された。

この事故の後始末は未だに終わっていない。原子炉は一応コンクリート詰めにされても、内部の死の灰は何百年、いや何千年と有害な放射線を出し続ける。そのため現在でも石棺の監視と補修作業が行われている。原発事故には国境など何の役にも立たない。

現代は、ガリレイとケプラーに始まる近代科学と技術の歩みが、その頂点にまで登り詰め、われわれの物質的、精神的生活のすべての分野に巨大な影響を及ぼしている。そこには人類に無限の富と豊かさをもたらす可能性が秘められている。

同時に現代は、科学と技術の進歩に伴って、自然が破壊され、自然と人間との調和が破れる深刻な環境破壊が起こっている。そのことがわれわれの精神そのものの退廃を引き起こし、われわれは今や生存の危機にさらされている。科学技術の発展が無条件によいことであると信じられていた幸福な時代は去ったといえよう。

しかし問題は、自然科学の進歩を押しとどめることによっては決して解決しない。問題はわれわれの自然観にあるのではないかと思う。自然科学の発展に対して自然観の貧困が露呈されているのではないだろうか。われわれにとっての自然の意味の問題を考え直すことである。

現代は、科学だけでなく既存のあらゆる価値体系が根本的に問いなおされている時代であるように思えてならない。

二〇二二年四月一日

知覧の特攻隊

三月一〇日は、一般市民一〇万人以上が犠牲となった東京大空襲から七七年であった。

私の生まれ故郷の鹿児島の大空襲は、一九四五年六月一七日であった。当時六歳の私は母や叔母たちに手を引かれ、焼夷弾の炸裂する中を恐怖に怯えながら、命からがら祖父の知人を頼って祁答院という山村に逃げたことを鮮明に覚えている。

当時、鹿児島の南、小さな町の知覧から沖縄のアメリカ軍艦めがけて体当たり攻撃する特攻機が飛び立っていた。沖縄にアメリカ軍が上陸すると、軍部は知覧の飛行場から特別攻撃隊を編成し、出撃させていた。特攻隊の若者たちは、飛行機に二五〇キロ爆弾をつけて帰らぬ旅に飛び立っていった。

知覧から沖縄までの距離は約六五〇キロあり、飛行機の燃料を満タンにしても足りなかったため、補助タンクをつけていた。特攻機として多用された九九式襲撃機の航続距離（無給油で航行可能な距離）は一〇六〇キロ、九七式戦闘機の航続距離は六二七キロで、故障や天候不良で引き返すことが無理な仕組みになっていた。そのことだけを考えても特攻隊は、世界の戦争史でも最も無謀な作戦であったと言えよう。

薩摩半島の南端には、薩摩富士と呼ばれる開聞岳（かいもんだけ）があり、若者たちはその山の上を越えて沖縄目指して飛び立っていった。彼らは、開聞岳も見納めとの想いで眺めていたのだろうか。

七七年の歳月を経て彼らが知覧の飛行場をどんな悲壮な決意で飛び立っていったのだろうかと、私は胸の張り裂ける思いを禁じ得ない。彼らは、お国のため、天皇のために死ぬことが日本男児にとって一番名誉なことであると教えられていた。彼らは正義の戦争であると教育され、「聖戦」という名のもとに戦った。日本は神の国であるから、「神風」が吹いて米英を滅亡させ、日本が必ず勝利するのだと信じていた。ひとたび、一つの方向に走り出してしまったら、押しとどめるどころか、反対意見さえ認めない状況に陥ってしまう。その意味でも平和な時代に豊かな生活を享受できるわれわれは、現実と真実を正しく見つめる鋭い感性を持たねばならない。

軍部のお偉いさんたちの無謀な作戦によって知覧の飛行場を飛び立ち、若い命を奪われた若者たちの歴史を知り、再び同じ過ちを繰り返さない固い決意を持ちたい。

二〇二二年四月一日

キューブラー・ロスの言葉

ロシアのウクライナ侵攻は、主権国家に対する許しがたい蛮行である。プーチン大統領は、ウクライナ国内のロシア系住民の保護であり、ウクライナのネオナチ勢力の一掃であると主張した。プーチンの妄想ともいえる歴史観は、まるでヒトラーのナチス・ドイツのゲルマン民族の純血主義を想起させる。

さらにプーチンは、「ウクライナは米欧に操られており、ロシア軍が平和維持活動をしなければならなくなった」と事実を歪めて国民に語っている。ロシア国民は、プーチンの言説に疑問を抱いたとしても、情報統制の中で事実を突き止めるのは難しい。プーチンの嘘に気づいても、大多数の国民は、自分や家族の身の安全のために黙っている。太平洋戦争の時、日本国民は大本営の威勢のよい発表に歓喜し、政府の言うことをうのみにしていたではないか。今、ロシアが置かれている状況が当時の日本に重なって見えてならない。

一九三一年、日本が満州事変を起こした時、関東軍による謀略とは思いもせず、多くの国民が中国侵略を支持した。そして一九三七年に日中戦争が始まり、南京を占領した日本軍が多数の民間人を虐殺しても、日本国内では提灯行列でこれを祝った。あの時、日本は

「戦争」と呼ばず、「事変」と呼び、今ロシアは「特別軍事作戦」と呼ぶ。ただ今は世界で「戦争やめろ」の声が上がる。

私たちは、一人の独裁者によって民主主義がいとも簡単に崩壊するという現実を目の当たりにしている。キューブラー・ロスの『生命ある限り――生と死のドキュメント』（霜山徳爾／沼野元義訳、産業図書、一九八二年）のまえがきにはこう記されている。

「同一の世代がヒットラー――世界の破壊を企てた男――と、マザー・テレサ――インドの路上で死にかけている人を救うことに全生涯を捧げた人――の両方を生み出すことがどのようにして可能なのか……私が疑問を感じはじめたのは、これらの日々のことであった」。

キューブラー・ロスは、強制収容所で家族全員がガス室に送られた少女と出会う。彼女は奇跡的に助かり、その後もそこに留まり、ドイツ兵の看護をしていた。そのことでキューブラー・ロスは、一人の人間の中に潜在的にヒトラーもいれば、マザー・テレサもいるのだということに気づき始めたという。

二〇二二年五月一日

日本は「沼地」なのか

今年のイースターは四月一七日、イエスが十字架の死から復活したことを祝う日である。この時期になると江戸時代にキリシタン弾圧の中で棄教したフェレイラ神父のことが浮かんでくる。フェレイラは遠藤周作の『沈黙』（新潮社、一九六六年）のモデルとして知られている。

フェレイラが来日した一六〇九年はすでにキリスト教の布教が困難を極めていた時代である。潜伏している宣教師たちを逮捕し、棄教させるための穴吊りの刑罰が採用されたのは一六三三年といわれている。この年は最初の鎖国令が出され、キリシタン弾圧が一段と強化された年である。宣教師二〇名が逮捕され、イエズス会日本管区長代理であったフェレイラもその一人であった。フェレイラは穴吊りにかけられ、数時間で転んだといわれている。その後名を沢野忠庵（さわのちゅうあん）と改め、幕府の手先としてキリシタンの取り締まりにあたったという。遠藤はフェレイラに、この国は「お前たちの宗教は所詮、根をおろさぬ沼地」だと言わせている。

宣教師たちの熱心な布教で信徒が約五〇万に達したときも、彼らキリシタンが信じたのは、キリスト教の神ではなく、彼らが屈折させ変化させたもの、つまり彼らの神なのだ、と遠藤は考えていたようだ。だからフェレイラに「日本人は人間とは全く隔絶した神を考える能力を持っていない。日本人は人間を美化したり、拡張したものを神と呼ぶ。だがそれは教会の神ではないのだ」と言わせている。つまり日本には一神教が育たぬ多神教、自然風土の問題を鋭く指摘している。

だがこのような見方は、何も日本特有のものではなく、南米やアフリカにおけるキリスト教布教の場合も、およそ非キリスト教的世界の日本と同じようなことがあったのではないだろうか。フェレイラ流に言えば、非キリスト教地域はすべて「沼地」であって、そこで蒙るキリスト教の変容が怖ければ、世界布教などに乗り出さないのではないか。

それは異教の地域だけでなく、ローマ教皇庁のお膝元のイタリアにおいてさえ、正統的キリスト教信仰が土着の異教的遺産と融合する現象が絶えなかったと、カルロ・ギンズブルグが『夜の合戦――一六～一七世紀の魔術と農耕信仰』（上村忠男訳、みすず書房、一九八六年）で解明している。遠藤が言うように日本は「沼地」だったのか。

二〇二二年五月一日

ある教え子からの手紙

妻が病床にあることを伝えると、教え子から不思議な手紙が届いた。「読んでいただかなくてもかまいません。ただお渡しできただけで満足です」と初めにこんな言葉で始まっていた。

本文の内容は、愛する母親を亡くし、悲しみがあふれてとまらないので先生に手紙を書くことにした、という。そして、自分を愛し育ててくれた母親に何もできなかった自分への後悔が綿々と綴られ、その後、「もう生きる気力を失いました」という言葉で、プツンと切れていた。

そして、一行空いて次に、まるで短調から長調に転換したかのように、今度はきっぱりとした感じのメッセージが続いていた。「ああ、何か、お手紙にしたら落ち着きました。勝手にうちあけてすみません。一方的ですが、うちあけさせていただきありがとうございました。返事とかはいりません。この手紙も捨ててください。先生にうちあけたかっただけです。先生も奥様のことで苦しんでおられるのに自分の苦しみをお伝えして本当にごめんなさい」と文は終わっていた。体裁は少し変わっていたが、これは大変まっとうな内容の手紙だなと思った。

私たちは、愛する者を亡くすと、悲しみつつ、その人に何もできなかったと後悔し、残された者としての自責の念を持つことがある。しかし現代は忙しい時代、その感情を押し隠し、すぐに職場に復帰し、元気に振る舞わなくてはならない。これは愛する人を失った人にとっては大変辛いことである。本来そのような時、先人たちは、葬儀や喪に服する時を十分にとって、信頼できる友人、知人に繰り返し、胸の内を物語る「喪の作業」をすることができた。手紙をくれた教え子も、周りの人たちと、そのような時を持てなかったのだろう。そこに本当の辛さの原因があるのだろう。

教え子からの手紙をもう一度通読して、「読んでいただかなくてもかまいません。ただお渡しできただけで満足です」とか、「ああ、何か、お手紙にしたら落ち着きました」という言葉を読むうちに、こちらの心も温かくなった。そして今度は少しずつ感動が込み上げてきた。この教え子も七五歳、三月に末期がんの一〇〇歳の母親を亡くした。失意の胸には誰も踏み入ってはならない。

二〇二二年六月一日

沖縄との出会い

一九五二年発効のサンフランシスコ講和条約で沖縄は日本から切り離され、米軍統治下に入った。この間、沖縄は言論統制や人権侵害により米兵による殺人、暴行が多発した。そして一九七二年の米軍の沖縄返還で日本政府は沖縄の施政権を取り戻す見返りとして米軍に基地を提供するという残酷な選択をとった。

私が初めて沖縄の地を訪れたのは、一九六七年の年末年始であった。沖縄の本土復帰よりも五年も前であったので、渡航手続きが外国並みで、おそろしく面倒だったことを記憶している。都庁の「海外」渡航課で「パスポート」を申請、それから交通公社で沖縄行きの航空券を求め、保健所で種痘の予防注射、その証明書を持って検疫所でスタンプを押してもらう。沖縄はドルが通貨なので、銀行で日本円を米ドルに替える。この手続きに約一ヶ月かかった。年末年始のスケジュールにかかり、航空券はすでに満席、それで二等の客船の切符だけが残っていたのを入手して、東京の晴海埠頭(ふとう)から乗船し、鹿児島と名瀬に寄港して、那覇港まで三泊四日の船旅であった。

初めて訪ねた沖縄は、私にとって遥かに遠い南の島であった。沖縄の遠さは、ただ物理的、時間的な隔たりだけではない。

一九五二年のサンフランシスコ講和条約によって日本は独立を獲得するが、この時期に「全面講和」か「片面講和」かで、論争がおこり、革新勢力の側は、この講和が「一五年戦争」の最大の相手国であった中国との和解を抜きにした「片面的」講和であることのゆえに、この条約に反対の態度を表明していた。当時の吉田茂首相は、この条約によって、当事者である沖縄の人たちの意志を全く問うことなく、沖縄を日本から分断して、アメリカの施政権下へと譲り渡してしまった。

しかしそのことについて、賛否両論の双方共にほとんど関心を示さなかったのは、今から考えてみると、まことに「奇妙な」ことであった。その後、沖縄は二五年間、「基地の中にある島」としての苦難を担い続けてきた。さらにそのような状態は一九七二年の本土復帰後もほとんど変わることなく現在まで続いている。この状況を見て、私はこの国と沖縄の関係は何なのか。祖国とは何なのか、と考える。

二〇二二年六月一日

「ひとこと」の力

ある医師のひとことが心臓にグサリと突き刺さっている。妻が退院の際、今後もてんかんの発作は度々起こるのでしょうか、と尋ねると、「必ず発作があります。厳しいですね」と答えた。「ある意味、覚悟をするべきという意味ですか」と言うと、「その通りです」と素っ気ない返事であった。その医師のひとことがずっと私の胸の中を嵐のように吹き荒れ、怒濤のように押し寄せてくる。

よく「病は気から」と言うが、病気でもないのに「顔色が悪いですが、大丈夫ですか」などと言われると、その何気ない「ひとこと」だけで、病気だと思い込み、それがもとで本当に病気になってしまう人もいるようだ。「病は気から」という「気」は、「ひとこと」によって生まれると考えれば、「病は言葉から」あるいは「病はひとことから」と言い換えてもよいのではないか。

かつてステージ四の状態で前立腺がんの手術を受けたことがある。手術の前、医師は「平塚さん、治るようにお互い協力して取り組んでいきましょうね」と言われた。そのやさしい「ひとこと」で私の気持ちは落ち着き、手術台に上がることができた。

ミュージカル『マイ・フェア・レディー』の原作は、イギリスの劇作家バーナード・ショウの『ピグマリオン』という喜劇で、ロンドンの貧しい花売り娘イライザのひどい言葉を矯正して、貴婦人として社交界にデビューさせるという物語である。

原題の『ピグマリオン』は、古代ギリシアの伝説に出てくる「自分の作った美しい女性像にほれ込むキプロスの王」の名であるが、このときのヒギンス教授の英語のレッスンが花売り娘のイライザを褒めて教えるところに特色があり、その褒める指導方法は「ピグマリオン・イフェクト」（ピグマリオン効果）と呼ばれている。

京都の旅に行った時、あるタクシーの運転手さんの言った言葉を昨日のように覚えている。「お客さん、昔の芸妓（げいこ）さんや舞妓（まいこ）さんは、車を停めてほしいときには、『運転手さん、そこでこぼしておくれやす』と言ったもんですよ。最近はそういう舞妓さんはいなくなりました」と言われた。「降ろしてほしい」の代わりに「こぼしておくれやす」とは何と素敵な「ひとこと」ではないか。

二〇二二年七月一日

『橋のない川』

毎日、妻の病室を訪ねて昔話を楽しんでいる。山口県の吉田小学校六年の学芸会で『三吉馬子唄』の主役三吉に選ばれ、「坂は照る照る　鈴鹿は曇る　あいの土山　雨が降る」と独唱したそうだ。「今、歌ってみようか」と私に聞かせてくれた。久しぶりの妻の熱唱に気持ちが和んだ。

歌い終わると、思い出したかのように、馬の役になった男の子の父親が学校に怒鳴り込んできたことを話し出した。体格のがっちりした男の子が前足と後ろ足の馬の役になったが、「俺のせがれを馬にさせるのか」と土足で教室に入ってきたという。三吉役の妻は馬の手綱を握ったまま硬直していたが、父親は「あんたには罪はないよ」と言葉をかけてくれたという。村に被差別部落の地域があり、そこに住む人であったそうだ。当時、部落という言葉が残っていた時代のことである。

その話を聞きながら、昔読んだ住井すゑの『橋のない川』（新潮社、一九六一～九三年）を思い出していた。奈良県を舞台に明治後半から大正、昭和前半の被差別部落で育った兄弟が、差別の中で矛盾に苦しみながら、目覚め、成長していく様子を描いた大河小説である。

この小説の中で兄弟に大きな影響を与えたのが、母のふでと祖母のぬいであった。日露戦争で父を失った幼い兄弟は母と祖母によって育てられる。祖母のぬいは、貧しくて学校に通えなかったので、文字を書くことも読むこともできなかった。しかし、ぬいの感性、価値判断の鋭さと正しさは、読む人の心をぐさりと突き刺し、抉(えぐ)り出す。そして同時に、人間としての穏やかさと優しさと愛情に満ちている。著者は、学問も学歴もない女性の人としてのすばらしさを描いている。

改めてこの小説を読みながら、学問、学歴などなくても子どもを教え、育てることはできることを学んだ。この小説の主人公は、誠太郎と孝二の兄弟であるが、差別の中でたくましく生きる祖母ぬいのような人が世の中を変えていくのだと思った。

妻に優しく声をかけた被差別部落の父親は、小学校にも通えなかった人だろう。でも世の中の道理をわきまえた「賢い人」であった。「頭のいい人」は世渡りに優れているだろうが、彼らはこの世の権威、地位にしがみつき自由な生き方ができないでいる。

二〇二二年七月一日

安倍政権は何だったのか

安倍元首相が銃撃され死亡するという衝撃的な事件が起こった。「民主主義の根幹を揺るがす」という類の言葉が、政治家、評論家、マスコミなどの主張に見受けられた。果たしてこの事件は「民主主義の根幹を揺るがす」事件なのだろうか。民主主義の根幹は、選挙演説ではなく、私たち自身に根差しているのではないか。「民主主義の根幹」は、安倍政権下だけでなく長く続いた自民党政権においてこそ揺るがされてきたのではないだろうか。そのことを論ずることなく、マスコミ各社がこぞって「民主主義の根幹が揺るがされた」と声高に語るのはおかしなことである。

岸田首相は九月二七日に安倍晋三の国葬を行うと発表した。その理由の一つに安倍氏の首相在任中の日数が憲政上最長であることをあげ、「国内外から幅広い哀悼、追悼の意が寄せられている」と述べている。確かに安倍政権は歴代首相の中で最長であったかもしれない。しかし、安倍氏は在任中、安保法制の強行採決など、民主主義の根幹を揺るがす手法で民主主義を軽視してきたのではないか。俗に「モリカケサクラ」と言われる疑惑にもまともに答えなかったのでないか。

そして安倍政権の何よりの功績は「忖度」という流行語を広めたことだったように思う。ただし「相手の気持ちを推し量る」というより「権力者の意向におもねる」という悪い意味の方が強くなってしまった。人事権を握られた官僚たちばかりでなく、マスコミやジャーナリストの中にも、露骨に安倍政権に擦り寄り、意向に沿おうとするものが目につくようになった。一方で、安倍政権に都合が悪いことを言って辞任させられた元文科次官などは、私人としての行動に悪口雑言が浴びせられた。多くのマスコミも菅官房長官も激しく攻撃していた。

「何から何まで真っ暗闇よ　すじの通らぬことばかり」。半世紀も前に鶴田浩二が歌った『傷だらけの人生』の一節である。まるで現在の政治の実態を歌っているかのように思えてならない。

「死屍に鞭打つ」のは故人への礼儀に反するが、それも生前の立場や行為による。権力者の在任中の行跡を問うことは、似たような権力者を出さないことにつながるのではないかと思う。

二〇二二年八月一日

妻の従姉・従兄たちの被爆体験

妻は自分の原点を「ヒロシマの原爆」と言い続けている。広島に原爆が投下される半年前に山口の田舎に疎開したので被爆せずにすんだ。しかし広島大学哲学科教授だった伯父一家が被爆している。妻は小学校五年の時に広島に一人旅したそうだ。車中で戦地からの帰還兵に「お嬢ちゃん、おにぎりをひとつ食べなさい」と手渡され、とても嬉しかったことをなつかしく思い出すという。

伯父たちから原爆投下の一日を聞かされ、自分も広島にいたら同じ運命にあったと私に言う。妻が聞いた話では、伯父は書斎で壁によりかかって読書していた時に、ピカッと何か光ったが、庇（ひさし）に遮られ助かったという。

伯母は隣人と垣根越しに話を終えて家に入ったところで光を見たという。すぐに隣の奥さんのことが気になって行ってみると、真っ黒になって焼け死んでいたという。伯母はこの日から亡くなるまで身体のだるさを訴え、ほとんど床に就いて一生を終えた。

当時一番上の従姉は広島女学院高校二年生で、比治山（ひじやま）の奥にある軍需工場に出かけていたので被爆しなかったが、しばらくして家に戻り、「入市被爆者」となったという。

その下の従姉は、礼拝が終わり退場する時に突然ピカッという光とともにドーンという音が響き、同時に礼拝堂の天井や壁が壊れて、その下敷きになったが、瓦礫（がれき）をかき分け難を逃れることができたという。何が起きたのか分からなかったが、一目散に裸足で家に無事に帰ってきたそうだ。しかし、その後ずっと原爆病で苦しんだという。

小学生の従兄は外で遊んでいた時にキノコ雲が空を覆い、世の中が一瞬真っ暗になり、すぐ前の家の屋根瓦が飛んできたのが記憶にあるそうだ。

伯父一家は幸いにケガはなかったが、外では光を浴びた人たちが全身火傷で衣服はボロボロ、皮膚がはがれてぶら下がっていたりするなど、見るも恐ろしい生き地獄であったという。それから毎日のように遺体を焼く臭いがしていた、と一〇歳の従兄が妻に語ったという。広島原爆で平凡な家庭が体験した出来事である。

伯父たちも亡くなり、被爆体験を語り継ぐ人もいなくなった、と妻は嘆く。だが教え子たちは、今、原爆が投下されたかのように語る実希子先生こそ「迫力ある語り部」だったと言っている。

二〇二一年八月一日

旧統一協会

「霊感商法」「合同結婚式」、もう昔に流行語になった言葉と思っていたら、亡霊のように現代に甦ってきた。三〇年前に桜田淳子さんが合同結婚式に参加して話題になったことを記憶している。だが合同結婚式は毎年、韓国の教団施設で開催されていたという。今年の合同結婚式にも日本のホテルから中継で約一〇〇組の新郎新婦が参加していたと聞いて驚いた。多くの日本人が三〇年前のことを忘れていたのである。

ただ教団と政治家との関係は「空白の三〇年」の間も深く広く結びついていた。安倍元首相銃撃事件の犯人から世界平和統一家庭連合（旧統一協会）の姿がクローズアップされ、宗教団体が政界と結びついて信者を増やし、多数の信者が献金をむしり取られ、その結果、家庭が崩壊していった。その悲劇が元首相を狙撃した犯人の家庭にも襲ってきていた。

元首相の狙撃犯は、自らの人生の行き詰まりを母の旧統一協会への多額の献金による家庭崩壊にあったと言った。旧統一協会は、一九五四年に文鮮明氏が韓国で創設した新興宗教で、「聖書」を独自に解釈した家族主義的思想を主張していた。まもなく日本でも布教活動が行われ、一九五九年には日本の旧統一協会が発足している。文鮮明氏は、「統一原理」と呼ぶ思想・理論によって、理想の家庭や世界平和が実現すると考えていた。ある時期までは、「異端のキリスト教」という枠内にあったが、一九七〇から八〇年代にかけ、非キリスト教化し、次第に先祖供養などを名目に壺（つぼ）や宝石を訪問販売する霊感商法や巨額の献金を強要する方向に傾いていった。当時、多くの大学で学生が旧統一協会に引きずり込まれ、なぜ高学歴の若者が入信するのか社会問題となった。

旧統一協会が急速に拡大していく過程で見逃せないのが、内部の政治部門「国際勝共連合」であった。「勝共連合」は一九六八年、文鮮明氏が韓国と日本に設立した反共組織で、共産主義を排除する目的で組織した。日本の「勝共連合」は文鮮明氏が安倍氏の尊敬する祖父元岸信介首相の支援で組織したと言われている。

今すべきことは、この宗教団体が過去に行ってきた霊感商法などを明らかにすることだ。「モリカケサクラ」にしてはならない。

二〇二二年九月一日

星野富弘

友人から妻の見舞いにと星野富弘(ほしのとみひろ)氏の『鈴の鳴る道』(偕成社、一九八六年)が送られてきた。妻は車椅子に乗るようになって「道の傾斜やでこぼこにずいぶん悩まされる」と言う。しかし、本と一緒に小さな鈴をいただき、少し思いが変わってきたそうだ。鈴が「チリン」と鳴る、その美しい音色に慰められ、でこぼこを通るのが楽しいと言う。

星野氏は、群馬大学を卒業し、中学校の体育教師として赴任、二か月後に器械体操のクラブ活動指導中、頭から転落した。医師の懸命な治療により何度も命の危機を乗り越えたが、肩から下がすべて麻痺という障害を負ってしまった。それまで人一倍元気に走り回っていた星野氏は、生きる希望を失い、何度も死にたいと思ったそうだ。自殺も考えたという。何をするにも他人の助けを必要とする人生に苛立ちを覚え、周りの人を困らせ、特に自分を必死に看護する母親に口汚く罵ったことも幾度となくあったそうだ。

そのような中でキリスト教と出会い、洗礼を受ける。星野氏は「私のいまの苦しみは洗礼を受けたからといって少なくなるものではないと思うけれども、人を羨(うらや)んだり、憎んだり、許せなかったり、そういうみにくい自分を、忍耐強く許してくれる神の前にひざまずきたかった」と告白している。

キリスト教徒になった星野氏は、肩から下が動かない状態でサインペンを口にくわえて絵を描くようになった。初めて絵具を使って描いた花は、赤いさつきだったと言う。このようにして描いた絵は、五年間で六〇枚になり、作品展が開かれた。これを皮切りに、全国各地で星野富弘「花の詩画展」が開催されるようになった。

『鈴の鳴る道』にはこう記されていた。

「人は皆、この鈴のようなものを、心の中に授かっているのではないだろうか。その鈴は、整えられた平らな道を歩いていたのでは鳴ることがなく、人生のでこぼこ道にさしかかった時、揺れて鳴る鈴である。(中略)私の行く先にある道のでこぼこを、なるべく迂回(うかい)せずに進もうと思う」。

これから私たちの行く先にある道は険しく、乗り越えられない道かもしれない。それでも迂回せずにその道を進みたいと思う。鈴の音を美しく響かせながら、終わりの旅路を歩みたい。

二〇二一年九月一日

一人の教育者として

国民の過半数の反対を押し切って安倍晋三元首相の国葬が行われた。今、その是非について考えるのではなく、一人の教育者として、安倍内閣の「教育基本法」の改訂について論じたい。

二〇〇六年一二月一五日、安倍内閣は「教育基本法」の改訂を国会で強行可決させた。安倍首相は「最近の青年が夢や希望を持たなくなっている」、また「規律意識や道徳心が低下してきている」、「戦後民主主義教育は、個人の自由や権利ばかり重視し、『公』『国家』『社会』を軽視した教育に傾いている」と声高に主張し、これが「教育基本法」の改訂の根拠となっていると言った。

しかし、「教育基本法」には、個人の尊厳・尊重という言葉とともに、第一条の「教育の目的」に「平和で民主的な国家及び社会の形成者として」、また第二条の「教育の目標」に「勤労を重んずる態度を養う」、「公共の精神に基づき」という文言も含まれていて、「公」「国家」「社会」を軽視しているとの批判は、的を射ていない短絡的な発言になる。教育に関わる諸問題が「教育基本法」に原因があるのかは、もっとさまざまな観点から検討してみなくてはならなかったはずであった。

むしろ、若者が夢や希望を持てない理由は、若年労働市場の崩壊によって職に就けず、社会参加の機会を奪われていたことにあった。当時の政界や官僚、企業の腐敗こそ若者の夢や希望を失う最たる原因ではなかったのか。政治家や官僚の倫理観の欠如こそ問われるべきであった。学校現場における病理現象（いじめ・不登校・学級崩壊・校内暴力など）は、「教育基本法」改訂によって解決できるという安易な問題ではなかったことは、その後における教育現場の混乱を見れば明らかなことである。

後の民主主義教育の原点ともいうべき「教育基本法」改訂は、教育現場での論議も盛り上がらず、公立学校は別にして私学でもほとんど反対意見もなく、安倍内閣の思い通りに進行していった。

国会で「教育基本法」が改訂された翌日の『朝日新聞』（一二月一六日）の「社説」は、「この臨時国会が、戦後日本が変わる転換点だった。後悔とともに、そう振り返ることにならなければよいのだが」と述べていた。安倍晋三氏により憲法と対をなすものとして制定された「教育基本法」が改訂されたことを、私は決して忘れない。

二〇二二年一〇月一日

甲子園の砂

今年の全国高等学校野球選手権大会では、久しぶりに選手が集まっての抽選会が行われた（一昨年は中止、昨年はオンラインでの抽選会）、対戦カードが決まるたびに歓声が上がっていた。事前に集団感染があった四校は特別措置で高野連の会長が代理でくじを引き、八日目からの出場となり、有田工―浜田、九州学院―帝京五の対戦となった。

八月六日から一七日間の熱戦が始まったが、県岐阜商は登録一二名が感染、大幅に入れ替えて戦わざるを得なかった。九州国際大付属は感染したエースに代わった投手が好投し、苦境を救った。今年もコロナに悩まされる大会になった。今大会、試合中に足をつった選手が手当てを受ける場面がしばしば見られた。近年の猛暑を考えると夏の甲子園の開催を検討する時期かなと思った。ただ高校野球の「聖地」ともいえる甲子園が持つ意味は重い。

二〇二〇年の全国高等学校野球選手権大会は新型コロナで中止となった。すると甲子園球場を本拠地とする阪神タイガースは、約五万人の高校球児に甲子園の砂をかき集め、キーホルダーに詰めて送ることを決めた。阪神タイガースの矢野燿大監督は「最後の夏に、甲子園出場に挑戦する機会さえ無くしてしまった全国高校球児に、少しでも前を向いてほしいから」と語っていた。全国の高校球児たちに一握りの砂が届けられるという粋な計らいであった。

　石川啄木に『一握の砂』という生前唯一の歌集がある。啄木は「いのちなき砂のかなしさよ　さらさらと　握れば指のあひだより落つ」と詠ったが、これは一九一〇（明治四三）年の大逆事件など冬の時代を迎えていた頃の作品である。啄木には無実の罪で処刑された幸徳秋水などを思う「いのちなき砂」であったかもしれない。しかし高校球児に送られた一握りの砂は、指の間からこぼれ落ちる砂ではない。甲子園出場など夢のまた夢という高校球児にとっては、「正夢」となって憧れの「甲子園の砂」が届けられた。羨（うらやま）しい！

　決勝では仙台育英が下関国際を破り、東北勢にとって悲願の優勝旗が白河の関を越えた。福島の聖光学院に勝った準決勝後、須江航（すえわたる）監督が語った「白河の関はまだ見えていない。自分たちを見失わず、一歩ずつ身の丈にあった野球をしたい」との言葉が印象に残った。

二〇二二年一〇月一日

終末時計

ロシアのプーチン大統領が「ロシアは世界で最も強力な核大国の一つだ」と言い、「核兵器の使用も考えている」と繰り返し発言している。ふと「終末時計」の針は今何時を指しているのだろうかと考え込んだ。「終末時計」は、核使用による人類の最後の時を「〇時」になぞらえ、それまでの残り時間は何分かを示す時計である。アメリカの『ブレティン・オブ・ジ・アトミック・サイエンティスツ』誌が、科学者の議論に基づき、毎年一月に更新している。

「終末時計」は、アメリカの物理学者アレクサンダー・ラングスドルフが核時代に生きる人類に警鐘を鳴らすために『ブレティン』誌の創刊に参加した時、画家である妻のマーティルが時計を表紙に書いたのが「終末時計」の始まりであったという。一九四七年、マーティルが最初に描いた針は一一時五三分を指していたという。その後、一九四九年にソ連が初の核実験に成功すると、針は一一時五七分となり、残り三分となったという。ラングスドルフは、原爆開発で知られる「マンハッタン計画」に動員され、プルトニウム製造に関わっていたが、トルーマン大統領が日本に原爆投下を実行すると宣言するや、原爆使用に断固反対する書面にサインした。しかし、ラングスドルフたち約七〇人の科学者の良心の叫びは無視され、広島と長崎に原爆は投下され、二つの都市は廃墟と化した。それ以降、『ブレティン』誌の代名詞ともなった「終末時計」は、核の使用が人類だけでなく地球を滅亡させると警告を発している。

クリントン政権時代のアメリカの外交官トーマス・ピッカリングは、「終末時計」の存在を意識しながらソ連などの核保有国と外交交渉を進めてきたと言っている。引退後の彼は、一二人で構成される『ブレティン』誌の科学・安全保障委員会のメンバーとして、針を何分進めるか戻すか、具体的な議論に関わっているという。

これまでの核時代の中で核使用の非道と核軍拡競争の狂気を世界に訴える目覚まし時計の役を続けているのが「終末時計」ではないだろうか。二〇二二年一月の針は、「残り一〇〇秒」で、三年連続同じ残り時間である〔※二〇二三年一月には「残り九〇秒」となった〕。まさに地球滅亡の時は刻々と迫っている。独裁者に終末時計の残り時間を伝えるすべはないのだろうか。

二〇二二年一一月一日

国家とは

かつて高校生に「国家と人間」というタイトルで授業したメモが保存してあった。安倍政権以来の内閣の暴走ぶりを見て、五〇年も前の授業であるが現代にも当てはまる内容であると思った。

大学院生の頃、家永教科書訴訟に関わっていたが、一九七〇年七月一七日の東京地裁の杉本判決は画期的なものであった。国家の役割について「現代国家の理念とするところは、人間の価値は本来多様であり、多種であるべきであって、国家は人間の内面的価値に中立であり、個人の内面に干渉し価値判断を下すことをしない。すなわち国家の権能には限りがあり人間のすべてを統制することはできないとするにある」と述べていた。

日本は今日、世界でも最も民主的な憲法と制度を持っている。しかしその実質はどうであろうか。民主主義とは数の政治であり、国会の多数を得た政党とその政党が選んだ政府が、無条件に何をしてもよいのだという論理がまかり通ってはいないだろうか。そうであるならば、民主主義は四年に一度の国会議員選挙の時にしか機能していないことになる。

「三権分立」は、一つの権力を三者が分有することで互いにチェックし合い、一つが独走することを避けるために生み出されたものであるが、実際には三権の中の行政（内閣）権力の拡大と優位はますます強化されている。司法と立法は、行政の越権と横暴を厳しく監視することこそ今日的課題ではないだろうか。国家に何ができ、またすべきであるか、国家は何をすべきではないかについて、国民はもっと明確な意識を持つべきである。将来、選挙権を行使する若者たちに期待する。

国家は、人間の内面的な価値に関する事柄には中立を守り、介入すべきではない、と杉本判決は述べたが、この自明のことが守られていない。戦後の新しい憲法の下でも、ひとたび権力を握れば、人間の外的・内的生活に介入してきた。戦後の民主主義社会といえども、根本的には戦前と少しも変わっていないように思う。

安倍政権、菅政権、そして岸田政権と世論に耳を傾けず、自分たちに都合のよいように国のかじ取りを続けている。権力のおごりは、歴史に対する民衆の忘却の上に成り立つことを忘れるな。

二〇二二年一一月一日

讃美歌三〇一番

妻は富士山の姿を見ると、手を合わせてしまうと口癖のように言っていた。七里ヶ浜から眺める富士山は、江の島を前に遠く望むことができた。箱根に向かう途中、海老名サービスエリアから見る富士山は、東名高速を走る車とともに眺められた。そして、正月の箱根駅伝の芦ノ湖の折り返し地点からは、雄大な富士山が目の前に聳え立って壮観であった。温泉好きの私は毎月のように箱根に出かけたが、妻のお目当ては富士山を眺めることであったようだ。

「わたしは山にむかって目をあげる。わが助けは、どこから来るであろうか。わが助けは天と地を造られた主から来る」（詩篇一二一篇一―二節、口語訳）は、妻の大好きな聖句である。彼女は結婚した頃から自分の葬儀には讃美歌三〇一番を歌うように私に頼んでいた。私や妻にとってはなじみのある文語調である。

山べにむかいてわれ　目をあぐ　助けはいずかたより　きたるか
あめつちのみかみより　たすけぞわれにきたる（一節）

高校一年の夏、妻が山口の梅光女学院から女子学院に編入した時の院長が山本つち先生であった。面接で山本院長から「私も梅光女学院から女子学院に来たのですよ」と声をかけられたことがよほど嬉しかったのか、しばしば口にしていた。あまりにも梅光女学院の学校生活が楽しく、女子学院の雰囲気になじめるか心配していた気持ちが山本院長の言葉で吹き飛んでしまった、という。

女子学院は、戦災のために焼失した建物が完成した翌年、一九四九年の夜、原因不明の火事で新しい建物が焼けてしまった。焼失した建物の前で山本つち院長は、詩編一二一編の聖句とともに、讃美歌三〇一番を歌ったと言われている。それ以来、女子学院の毎朝の礼拝は讃美歌三〇一番のチャイムで始められているという。妻も女子学院在学中に毎朝、このチャイムを聞きながらチャペルに向かっていたのだろう。

詩編一二一編は、文学的な表現であるが、山に向かって目を上げる時に、わたしにとっての助けが、山の彼方から、天と地を造られた方から来る、という旧約の詩人の純粋な信仰告白であり、それが海でも川でも、森でもなく、まさに「山」に向かって目を上げる時に来る、と歌っているところが意味の深いところである。

二〇二二年一二月一日

第二章

聖書一口レッスン

うちひしがれた者への慰め

恐れることはない、わたしはあなたと共にいる神。
たじろぐな、わたしはあなたの神。
勢いを与えてあなたを助け
わたしの救いの右の手であなたを支える。

（イザヤ書四一章一〇節）

災害によって木っ端みじんになった町や村は、短い期間では復旧することはできない。しかし、家や道路などはいつか元に戻るだろうが、被災した人たちの心が以前のような状態になるのは容易なことでない。被災した人たちに、私たちは何を語りかけたらよいのだろうか。しゃがみ込み、うなだれて頭を持ち上げる気力も失っている人を無理やりに立ち上がらせることはできない。そのような時にこそ私たちは預言者の言葉を共に読んでみることではないだろうか。かすかな希望が見えるかも知れない。

ユダ王国は、たびたび強大な国に侵略されてきたが、紀元前五八六年、新バビロニア帝国にエルサレム神殿や町も焼き払われ、国王はじめすべての民はバビロンに連行されていった。歴史に言う「バビロン捕囚」で故郷を失った民は、希望の見えない暗い生活にうちひしがれていた。夜が長く続き、朝がこないバビロンの日々を過ごしていた。

そんな時に、一人の預言者が現れ、溢れるような感性で真実の言葉を語った。この預言者は、うちひしがれ、悲しみに沈み、気力を失っていた人たちに「なぐさめよ、わが民をなぐさめよと神は言われる。もう涙もつきただろう。耳をすまして聞いてみるがよい、かすかに声が聞こえるだろう。身を起こしてみるがよい、きっとしなくてはならないことがある。苦しみの時はもう終わったんだ。もうよい、うずくまっていなくてもよい。道のない荒野に道がそなえられる。もう心配しなくてもよい、山に登って恐れないで、声をあげよう。神はふたたび力をもってこられる」と呼びかけた。預言者の言葉は、優しくて、静かでありながらも、確固とした信頼の念に満ちていた。

さらに預言者は、「草は枯れ、花はしぼむ。主の風が吹きつけたのだ。この民は草に等しい。草は枯れ、花はしぼむが、わたしたちの神の言葉はとこしえに立つ」（イザヤ四〇・七）と語る。この一年も聖書の言葉に耳を傾けていきたいと思う。

二〇一九年一月一日

近代国家の理念

何事も利己心や虚栄心からするのではなく、へりくだって、互いに相手を自分よりも優れた者と考え、めいめい自分のことだけでなく、他人のことにも注意を払いなさい。
（フィリピの信徒への手紙二章三～四節）

アンデルセンの『裸の王様』では、王様の服が「愚か者には見えない布」であるという設定になっている。王様は裸なのに家来たちは、愚か者と思われたくないので服が見えるふりをして「王様、ご立派な服を着ておられますね」とご機嫌をとる。ところが、一人の正直な子どもに「王様は裸じゃないか」と笑われてしまう。

アメリカと日本の指導者は、アンデルセンの『裸の王様』のような存在になってしまったようだ。トランプ大統領は国連の演説で「この二年足らずで歴代のどの政権よりも多くの成果を挙げた」と自画自賛した。安倍首相も年頭所感で「この六年が経ち、経済は成長し、中小企業の皆さんの賃上げ率は二〇年間で最高になった」と自慢げに語った。この二人に共通しているのは、自分の手で強い国家をつくりたいという思いだけで高尚な理念がないことだ。しかも二人の周囲にいる人たちは、権力者にへつらい、「見ざる・聞かざる・言わざる」の太鼓持ちになってしまい、彼らは国民の声に耳を傾けず、自分に都合のよい政権運営を続けている。

近代国家には、自由、平等、友愛の理念があった。自由、平等、友愛は一七八九年のフランス革命のスローガンであった。より自由で平等な社会をつくるために努力する。もっとよい民主主義を実現するために謙虚になる。そういう覚悟が近代国家の理念ではなかったのか。残念なことに今のアメリカや日本にはそのような理念が感じられない。むしろ近代国家の理念が風化してしまった。

こんな時代に私たちが耳を傾けるべきは聖書の言葉である。パウロは、何事にも利己心や虚栄心ではなく、へりくだった思いで人と接しなさいと言う。また、「キリストは、神の身分でありながら、神と等しい者であることに固執しようとは思わず、かえって自分を無にして、僕(しもべ)の身分になり、人間と同じ者になられました。人間の姿で現れ、へりくだって、死に至るまで、それも十字架の死に至るまで従順でした」（フィリピ二・六〜七）とあるではないか。

二〇一九年二月一日

人の嫌うところへ行け、人の嫌がることをせよ

家を建てる者の退けた石が　隅の親石となった。
これは主の御業(みわざ)　わたしたちの目には驚くべきこと。（詩編一一八編二二〜二三節）

三月は卒業式の季節である。卒業生に向かってどのような言葉を伝えるべきか、あれこれ考えていた頃が思い出される。

内村鑑三の『後世への最大遺物』は、一八九四（明治二七）年七月、箱根のキリスト教徒第六回夏期学校での講話である。内村は、金や事業や思想なども後世に遺すべきものだが、「勇ましい高尚なる生涯」こそ、後世に遺す最大のものであると言う。

内村は、アメリカ東部マサチューセッツ州にあるマウント・ホリヨークという女子神学校の創設者について次のように述べている。

「その学校にはエライ非常な女がおった。その人は立派な物理学の機械に優(まさ)って、立派な天文台に優って、あるいは立派な学者に優って、価値(ねうち)のある魂をもっておった

メリー・ライオンという女でありました。（中略）実に日本の武士のような生涯でありました。彼女は実に義侠心に充ち満ちておった女であります。彼女は何というたかというに、彼女の女生徒にこういうた。

他の人の行くことを嫌うところへ行け。他の人の嫌がることをなせ。

これがマウント・ホリヨーク・セミナリーの立った土台石であります」。

そして内村は「それでわれわれの生涯はその方に向って行きつつあるか。われわれの多くはそうではなくして、他の人もなすから己もなそうというのではないか。他の人もアアいうことをするから私もソウしようというふうではないか」と語りかけている。

今の時代、他の人の行くことを嫌うところへ行き、他の人の嫌がることをするよりも、誰もが効率のよい生き方を選び、物質的な豊かさを求める。

十字架に死んだイエスは隅のかしら石となった。するとペトロたちもイエスに活かされ、彼らも隅のかしら石として歩み始めた。建物の隅のかしら石は目には見えない。しかし、それがなければ建物は崩壊するだろう。卒業していく者に隅のかしら石となれ、と私は告げることができたのだろうか。

二〇一九年三月一日

温かなまなざし

その日、すなわち週の初めの日の夕方、弟子たちはユダヤ人を恐れて、自分たちのいる家の戸に鍵をかけていた。そこへ、イエスが来て真ん中に立ち、「あなたがたに平和があるように」と言われた。

（ヨハネによる福音書二〇章一九節）

日差しが伸び、草木も芽吹き、花々も咲き出し、四季の移り変わりを肌で感じるようになった。私たちも自然の力に引っ張られて、新たなエネルギーが湧(わ)いてくるように思われる。

今年のイースターは四月二一日である。イエスは十字架にかけられたが三日目に復活した、と聖書は記している。

復活の出来事は、客観的事実としては一体何が起こったのかよくわからない不思議な出来事である。しかし、弟子たちの魂の領域において、イエスの死を乗り越えて、たくましく生きる方向へと転換させる大きな変化があったことは確かである。復活によってイエスと私たちはどのようなつながりになったのか、思いめぐらす時である。

復活したイエスが弟子たちの前に現れた時、弟子たちの真ん中に立ち、「あなたがたに平和があるように」と言われた。その弟子たちは、逮捕されるイエスを見捨てて逃げ去った者たちである。自分自身の罪の重さ、イエスの死に対する責任を感じつつ隠れていた。しかもイエスは十字架上で人間としての苦難をすべて負いつつ、まさに悲惨な形で死んだ。そのイエスが自分たちの前に現れ「あなたがたに平和があるように」と呼びかけた。それは自分を裏切り絶望の淵にあった弟子たちへの温かい言葉であった。

何度となくイエスを裏切った弟子たち。弟子たちは度重なる自分の弱さにほとほと嫌気がさしていたように思われる。「もう俺は駄目だ。とてもイエスの弟子であり続けることはできない」と観念していたはずだ。しかし、そんな駄目人間である自分たちを愛し、信じ、待ち続けていたイエスがいた。

今私たちは、お互いに信じ合うことが難しい社会に生きている。イエスの温かいまなざしによって立ち直った弟子たちのように、私たちもイエスのまなざしを受けて互いに信じ合うようになりたい。

二〇一九年四月一日

ペトロの帰り着くところ

そして、シモンをイエスのところに連れて行った。イエスは彼を見つめて、「あなたはヨハネの子シモンであるが、ケファ――『岩』という意味――と呼ぶことにする」と言われた。
（ヨハネによる福音書一章四二節）

渥美清主演『男はつらいよ』は、二七年間で四八作もつくられた。「わたし、生まれも育ちも葛飾柴又、人よんでフーテンの寅と発します」というセリフで始まる。旅から帰って来ると「とらや」でオイチャン、オバチャンや妹さくらと口喧嘩となり、「とらや」に居づらくなりふらりと旅に出る。一作から四八作まで毎回のようにふるさと柴又の「とらや」で、いさかいを起こし、当たり散らしている。毎度、「もう帰ってやらないぞ」と捨て台詞を残して旅に出るが、必ず「とらや」に戻ってくる。寅さんは、いつも自分を信じて帰りを待っている、オイチャン、オバチャン、さくらがいるから柴又に戻ってくることができたのではないだろうか。

イエスの最初の弟子は、アンデレとシモンであった。ヨハネの子シモンは、イエスによってペトロと名づけられる。アラム語の「岩」という意味の「ケファ」をギリシア語に訳すと「ペトロ」になるそうである。岩は、どっしりした、土台になるものであるが、シモンのどこを見込んで「ケファ」と呼ぶことにしたのだろうか。シモンは漁師で日焼けしたたくましい男であったと思われる。シモンのがっしりした体格を見て「そうだ、こいつを岩ちゃんと呼ぼう」とイエスは彼のあだ名をつけられたのだろうか。そうではなくシモンという人間のすべてを見通したうえで「わたしはお前をケファと名づける」と言われたと思う。「お前はペトロだ」と言われた。

それではペトロはイエスの命名にふさわしい、頼りがいのある岩のような男として過ごしたのだろうか。聖書には、ペトロの幾度となくイエスの期待を裏切るような行為が記されている。イエスが官憲に逮捕された時、大祭司の庭に忍びこみ様子を窺っていると「お前も弟子の一人ではないか」と言われ、「違う」と強く否定する。イエスは、ペトロが頼りにならない、弱い男であることを見抜き、それを承知していた。そんなペトロをイエスは最後まで信じ続けた。彼は頼りない自分を信じ続けていたイエスが存在したことで、辛うじて踏みとどまり、立ち直り、ついには「お前はペトロなのだ」とイエスが言った通りの人生を歩んでいくことになった。

二〇一九年五月一日

最も重要な掟とは

聞け、イスラエルよ。我らの神、主は唯一の主である。あなたは心を尽くし、魂を尽くし、力を尽くして、あなたの神、主を愛しなさい。
（申命記六章四〜五節）

天皇の退位及び即位は宮中三殿で皇祖神とされる天照大神や皇室の祖先に報告する形で行われた。まず天照大神をまつる賢所で大和言葉の「御告文」を読み上げ、退位・即位を報告し、続いて皇室の祖先の霊をまつる皇霊殿、八百万の神々をまつる神殿で同様の報告をしている。天皇の退位・即位の報告に対して天照大神や八百万の神々は何と応答をしたのだろうかと思った。

イエスは福音書の中で、申命記のこの箇所が最も重要な教えであると語っている。イエスが律法学者から「先生、律法の中で、どの掟が最も重要でしょうか」（マタイ二二・三六）と問われたとき、「『心を尽くし、精神を尽くし、思いを尽くして、あなたの神である主を愛しなさい』。これが最も重要な第一の掟である。第二も、これと同じように重要である。『隣人を自分のように愛しなさい』」（同三七、三九節）と答えている。

この「心を尽くし……」という教えは、イエスだけが大切にしていたのではなく、当時のイスラエルの人びとにとっても大事な教えであった。彼らは幼い頃から毎日この教えを唱えており、シナゴーグだけでなく、家にいるときも、道を歩いているときも唱えていた。そしてこの教えを家の戸口や門に書いたり、紐で手に結びつけたり、額につけたりしていた（申命記六・六〜九）。

さて「聞け、イスラエルよ。我らの神、主は唯一である」と記されているが、ここが大切な場面で、神は自らを「私はヤハウェである」と自己紹介して、イスラエルの民に呼びかけている。聖書の神は「ヤハウェ」という名前を持っていた。ヤハウェが名前を名乗ることでイスラエルの民も信頼して応答ができた。互いに名前を呼び合ってこそ本当の付き合いが始まる。ヤハウェとイスラエルの民の関係はこのようにして始まったといえる。

二〇一九年六月一日

十字架を背負って生きる

それから、群衆を弟子たちと共に呼び寄せて言われた。「わたしの後に従いたい者は、自分を捨て、自分の十字架を背負って、わたしに従いなさい。自分の命を救いたいと思う者は、それを失うが、わたしのため、また福音のために命を失う者は、それを救うのである。」

（マルコによる福音書八章三四～三五節）

イエスが初めて十字架の受難を予告した直後の言葉である。イエスに従うとは、自分のすべてを投げ出して、自分が生きるただ中でイエスの戦った戦いを戦い抜くことではないだろうか。弟子たちをはじめ、多くの人たちが、イエスの言葉をそのまんま受け止め、生き抜いたように思う。

高校生の私は、あるひとつの出来事に衝撃を受けた。それはアラバマ州モンゴメリーで起こった事件である。一九五五年一二月一日、ローザ・パークスという黒人女性が市営バスに乗った。途中で白人の乗客が乗り込んできたため、白人の運転手は彼女に席を立つように命じたが、席を立たなかった。運転手は警察に知らせ、彼女はただちに逮捕された。

この一件に端を発した「バス・ボイコット」運動の指導者になったのがキング牧師であった。彼はまさにアメリカの黒人のために生涯をかけて戦った。その運動の出発点は、冒頭のイエスの言葉であったと言われている。自らの意志で黒人たちの苦悩を、おのが苦悩として背負った。彼は黒人たちのうめきを聞き取り、彼らと共に連帯した。そのキング牧師は戦いのさなか凶弾によって命を落とした。

イエスは、インテリ都会人ではなく、田舎の働き人であった。当時、社会の最下層に暮らしていた羊飼いや農民、心身の病ある者、障がい者などの苦悩を身をもって知っていた。貧しい者、苦しむ者、悩む者たちの真の同労者であった。イエスの言葉は、生きる希望を失っていた人たちを立ち上がらせた。イエスは十字架の死に至るまで、黙々とひたむきに、友なき友のために自分の命を投げ出した。イエスは十字架に死んだ。屈辱のうちにイエスはこの世の権威に負けた。しかし、思わざることが起こった。歴史の真実はまさに逆であった。イエスの敗北の中から、新しい命が次から次へと生まれていった。挫折したはずの弟子たちは、イエスの言葉に目覚め、自分の命を捨てて従っていった。

人と人が本当に心を開き合うことは非常に難しい。理解されない相手の苦悩を思いやる。それこそ十字架を背負って生きることではないだろうか。

二〇一九年七月一日

反戦地主に学ぶ

そこで、イエスは言われた。「剣をさやに納めなさい。剣を取る者は皆、剣で滅びる。」
（マタイによる福音書二六章五二節）

八月になると沖縄・広島・長崎のことを思う。三〇年ほど前、沖縄の伊江島（いえじま）に行ったことがある。伊江島に団結道場という建物があり、壁いっぱいに書いてあった「米軍に告ぐ」という文章の中に「剣を取る者は剣にて滅ぶ」と聖書の言葉を見つけた。「伊江島土地を守る会」の代表で反戦地主で知られる阿波根昌鴻（あはごんしょうこう）さんが書いたものである。

土地を返せ　ここは私たちの国　私たちの村　私たちの土地だ（中略）
聖なる農民の忠告を聞け　さらば米国は永遠に栄え　汝らは幸福に生きのびん
剣をとる者　剣にて亡ぶ［聖書］

伊江島では、戦後すぐに島の三分の二が米軍基地になり、土地を奪われた農民たちは非暴力で基地撤去運動を進めてきた。彼らは非暴力の規定をつくり、粘り強く交渉を続け、少しずつ土地を返還させた。阿波根さんは、剣ではなく、非暴力の抵抗でアメリカと闘った一人の農民であった。

イエスの時代、ローマは平和だと言われていた。その平和は、剣には剣、槍には槍、つまり力には力を持って相手を打ち負かすものであった。ローマに抵抗する者には、圧倒的な力によって押さえ込み有無を言わせなかった。その平和は、多くの人びとの犠牲の上に成り立ち、わずかな人だけが謳歌していた平和であった。そして、ローマ皇帝は、平和をつくり出す者として「神の子」と呼ばれていた。そのようにして成り立っていたのが「ローマの平和」である。ローマの貨幣には皇帝の像と共に「平和をつくりだす者」という言葉が刻まれていた貨幣もあったという。

イエスは、ローマ皇帝の言う平和（パックス・ロマーナ）の欺瞞性を見抜いておられた。イエスは、ローマ皇帝が人びとに「平和をつくりだす者」と呼ばせた同じ言葉を用いて、パックス・ロマーナは力による平和であり、いつか必ず滅ぶと断言した。イエスは、剣による平和ではなく、自らの血（十字架）を注いで打ち立てる平和（十字架による平和）を実現しようとされたのである。

二〇一九年八月一日

神谷美恵子の詩

そのとき、イエスは言われた。「父よ、彼らをお赦しください。自分が何をしているのか知らないのです。」
（ルカによる福音書二三章三四節）

国が続けたハンセン病患者の隔離政策により家族も差別を受けたと国に損害賠償を求めた訴訟で、七月九日、政府は国の責任を認め、約三億七〇〇〇万円の賠償を命じた熊本地裁の判決を受け入れ、控訴しないと決めた。そして、ようやく国は家族らへ謝罪した。

神谷美恵子は東京女子医大在学中の一九四三年、瀬戸内海にある癩療養所の長島愛生園で出会った患者のことを数日後に『癩者に』という詩で紹介している。

「光うしないたる眼うつろに　肢うしないたる体になわれて　診察台の上にどさり
とのせられた癩者よ　私はあなたの前に首をたれる。あなたは黙っている　かすかに
微笑んでさえいる　ああ　しかし　その沈黙は　微笑みは　長い戦いの後にかちとら
れたものだ。運命とすれすれに生きているあなたよ　のがれようとて放さぬその鉄の

手に　朝も昼も夜もつかまえられて　十年、二十年と生きて来たあなたよ。なぜ私たちでなくてあなたが？　あなたは代って下さったのだ　代って人としてあらゆるものを奪われ　地獄の責苦を悩みぬいて下さったのだ。ゆるして下さい、癩の人よ　浅く、かろく、生の海の面に浮かびただよい　そこはかとなく、神だの霊魂だのと　きこえよき言葉あやつる私たちを」（『うつわの歌　新版』みすず書房、二〇一四年）。

イエスは十字架の上で「彼らをお赦しください。自分が何をしているのか知らないのです」と言われた。裁判官ピラトは「この人はいったいどんな悪事をしたのか。彼には死に当たる罪は全く認められない」と宣告したが、ファリサイ派、律法学者、そして群衆は「イエスを十字架にかけよ」と叫んだ。

イエスは、すべての人の弱さ、苦しみ、悩みを自ら代わって担っていかれた。イエスを十字架にと叫んだ人たちは自分たちには罪はないと言い張り、また自分たちのためにイエスが身代わりになったことを全く気づいていなかった。私たちも自分の身代わりとして苦しみを受けた人たちの思いを受けとめてきたと言えるであろうか。

二〇一九年九月一日

被造物のうめき

被造物がすべて今日まで、共にうめき、共に産みの苦しみを味わっていることを、わたしたちは知っています。

（ローマの信徒への手紙八章二二節）

ブラジルのアマゾン地域の熱帯雨林の森林火災は過去最大規模であるという。世界の森林には二酸化炭素を吸収し、気候変動を緩和する力がある。この森林火災の炎と煙が地球全体にどんな影響を与えるのだろう。違法な開拓行為が火災の原因ともいう。

現在、自然は誰のものかという問いの前に立たされている。地球規模の環境破壊という現実に直面して、私たちはもう一度聖書を読み直し、その語りが示している意味について学んでみたい。

聖書は私たちに、この地球は創造主なる神によって創造されたと語っている。もし地球が創造主の被造物ならば、同様に創造主によって創造された人間が占有すべきものではない。創世記の「地を従わせよ」という言葉は、この地球を創造主から人間が貸し与えられたものとして、責任をもって、他の生き物と共に生きることを示唆している。

「地とそこに満ちるもの　世界とそこに住むものは、主のもの」（詩編二四・一）とある。森や山、海は誰のものか。この地球は誰のものか。それは決して人間のものではない。世界とそこに住むものとはみな、創造主の所有であることを詩編の言葉は高らかに語り、宣言している。その言葉に私たちは、心して耳を傾けるべきである。

この地球、世界には、人間だけでなく、他の多くの生き物が共に住んでいる。彼らもまた、創造主によって造られた私たちにとっての共に生きる仲間である。アマゾンの鳥や魚が生きることができなくなった世界には、私たち人間もまた生きることができなくなる。「被造物のうめき」とは、何をさして言われている言葉なのだろうか。私はそこに人間の「罪」の問題が潜んでいるように思う。人間が創造主の意図に背き環境を汚し破壊してきた。その結果が、他の被造物にまで及んでしまった。アマゾンの鳥や魚の「うめき」も、人間が引き起こしたもので、火災が自然に広がったわけではない。

そして、被造物のうめきの中に、創造主も共にうめいておられる。その「うめき」を共にすることで環境破壊をくいとめることにならないか。

二〇一九年一〇月一日

本当の飢餓

主はあなたを苦しめ、飢えさせ、あなたも先祖も味わったことのないマナを食べさせられた。人はパンだけで生きるのではなく、人は主の口から出るすべての言葉によって生きることをあなたに知らせるためであった。

(申命記八章三節)

一〇月一日から消費税が一〇%となり、弱者には毎日の生活が苦しくなる。八月、都内で八〇代のひとり暮らしの男性の死が、何日間も誰にも気づかれなかったと新聞の片隅に報じられていた。この男性の部屋には布団が敷かれていただけで家具などは何もなく、カップラーメンのカップがいくつか散らかっていただけであったという。おそらく食べる物がなくなり餓死であったと伝えられた。

人びとが多く一緒に生活していても、そこには連帯や助け合い、分かち合いがないならば、そこはまさに荒れ果てた砂漠ではないだろうか。荒野とはまさに見捨てられた、助けなき孤独の場所である。荒野は現代の都会の真っただ中にも存在している。

イエスは荒野で悪魔の誘惑を受けている。聖書では、まず肉の誘惑(「パン」)、次に名声を求める誘惑（「神を試みる」）、そして権力の誘惑（「悪魔を拝む」）が登場する。この三つはいずれも私たちが得たいと願う魅力的なものである。イエスが出会った誘惑は、私たちも日々の生活の中で経験する。特に第一のパンの問題は、私たちにとって最も日常的でしかも基本的な、深刻な問題である。飢餓、貧しさからの脱出は人間の歴史とともに古く、しかも今日的にも基本的な課題である。

「神の子なら、これらの石がパンになるように命じたらどうだ」（マタイ四・三）という悪魔の問いに対するイエスの答えは、「『人はパンだけで生きるものではない。神の口から出る一つ一つの言葉で生きる』と書いている」（同四節）であった。イエスは「人はパンなしに生きることができる」などと言ったのではない。イエスは、多くの貧しい人たちがパンを得るために労働の辛さを耐えていたことをよく知っておられた。

人の体を養い支えるために、パンは必要なものであるが、同時に自由、平等、人権、公正、連帯の追求をなおざりにして、パンだけで飽き足りても、それは豊かで人間的な生活とはいえない。この飽食の時代、イエスの言葉を聞き取りたい。

二〇一九年一一月一日

『太陽を抜け出る天使』

この天使は、大地と海とを損なうことを許されている四人の天使に、大声で呼びかけて、こう言った。「我々が、神の僕（しもべ）たちの額に刻印を押してしまうまでは、大地も海も木も損なってはならない。」

（ヨハネの黙示録七章二～三節）

九月二三日に国連本部で開催された「気候行動サミット」に出席したスウェーデンの環境活動家グレタ・トゥンベリさんは、「人々が苦しみ、死んでいる。生態系全体が破壊され、絶滅の始まりに直面している。それなのに、あなたたちはお金や永遠の経済成長という信じられない話ばかり、よくも、そんなことができますね」と、十分な対策を講じていない各国首脳を前に憤りをあらわにした。するとアメリカのトランプ大統領はツイッターで「彼女はとても幸せな少女に見える。明るく素晴らしい未来を心待ちにしているようだ。見ていて何とも気持ちがいい」と揶揄（やゆ）した。そして、トランプ大統領はパリ協定離脱を通告した。

『太陽を抜け出る天使』という渡辺禎雄（わたなべさだお）さんの版画がある。上部に輝く太陽のそばに一人の天使がいて、絵の四隅には、大きなうちわのようなものを持った、大地と海を守っている四人のみ使いたちがいる。中央には天使からの刻印を待つ人びとが並んでいる。神から抜け出た天使が、各方面を守る天使たちに向かって、「私たちの神の僕らの額に私たちが印を押してしまうまでは、地と海と木を損なってはなりません」と命じているようだ。最後の審判の時まで、あなたがたは自然を大事にして共に生きなさい、と告げている作品のようである。

渡辺さんがこの作品を制作したのは一九六七年であったという。その頃は、高度成長時代で所得倍増とか、日本列島を改造するとかで、全国各地で自然が破壊され、経済大国に向かって突き進んでいた。そして、水俣湾や阿賀野川での水銀中毒など、公害が深刻な問題となっていた。そのような時代に渡辺さんが、どれほど明確に公害を意識されていたかわからないが、「地と海と木を損なってはならない」という作品を作っておられたことに信仰を持つ芸術家の鋭い感性を見る思いがする。

「ヨハネの黙示録」はあまりなじみがない。ところが渡辺さんは、聖書というのは分かっていても分からなくても何遍も繰り返し読むべきものだと言われていたという。私たちが読まないヨハネの黙示録もよく読んで、そこからメッセージを発しておられた。

二〇一九年一二月一日

沖縄の人たちの思い——見るべきもの

イエスは言われた。「わたしがこの世に来たのは、裁くためである。こうして、見えない者は見えるようになり、見える者は見えないようになる。」

（ヨハネによる福音書九章三九節）

昨年一〇月三一日未明に沖縄の象徴的な建物であった首里城が火災により焼失した。安倍首相は国も再建に最大限の支援を行うと発表した。

しかし、『東京新聞』（一一月二五日）の「発言」欄に、「私はウチナンチュの一人として訴えたい。首里城再建で世界中から心ある人々の支援は受けても、沖縄の民意に背を向ける日本政府の金はビタ一文受け取るべきではない。半世紀前『沖縄人は骨くされが多い。惰民になり下がった』と言った事業家・照屋敏子(てるやとしこ)の思いをいま一度考えてみよう」という投書があった。沖縄の人たちに向かって「基地負担軽減に全力を尽くす」という安倍首相のまやかしに対する痛烈な皮肉である。

この投書を読んで本土の人びとは、沖縄の人たちの思いを理解していなかったのではないか、という深い反省と問いの前に立たされねばならない。基地の中にある沖縄の人たちの思いが、本土に住む私たちには見えないものになっているのではないか。本土では見えなくなっている「安保体制下にある日本」が、沖縄では誰の目にもよく見えるものとなっている。沖縄から日本を見ると、今まで見えなかった、あるいは見落としていた日本の真の姿が見えるようになる。

生まれつきの盲人の目を癒されたイエスの奇跡と、その結果が記されているヨハネ九章の記事を通して、「見える」とは何か、「見えない」とはどういうことかを考えてみたい。ここには深い、逆説的なイエスの言葉が語られているといってよいだろう。

「今、『見える』とあなたたちは言っている。だから、あなたたちの罪は残る」(ヨハネ九・四一)とイエスは言われる。「見える」と言いながら本当は見ていない、見るべきものを見落としている、そこに私たちの罪がある、とイエスは言われている。「見えない者」とは、この生まれつきの盲人のことではなく、何でも見えていると言い張る私たちのことではないだろうか。「見える」と言う罪をイエスによって示されて、真に見るべきものを見ることのできる心の目を求めたいと思う。

二〇二〇年一月一日

箱舟共同体

わたしがあなたと契約を立てたならば、二度と洪水によって肉なるものがことごとく滅ぼされることはなく、洪水が起こって地を滅ぼすことも決してない。

（創世記九章一一節）

この数年、記録的な猛暑、集中豪雨、洪水、台風など異常気象による災害が頻発し、多くの人たちが被害を受けた。特に台風が日本列島を直撃し、河川の氾濫、堤防の決壊があちこちで起こった。かつては「地震・雷・火事・おやじ」と言われていたが、「地震・雷・火事・洪水」と変えた方がよいように思ったほどだ。

古代バビロニアで、チグリス、ユーフラテスの氾濫によって大きな災害がもたらされたことは歴史的事実として知られている。洪水をいかに防ぐかということは古代から人間にとっての生きる課題であった。創世記六章から始まる洪水の物語は、文学や絵画のテーマにも取り上げられている。この古い物語から今日へのメッセージを考えたい。

洪水物語のことをドイツ語では「ズィントフルート」（Sintflut）というが、「ズュントフルート」(Sündflut)とも表現するそうだ。翻訳すれば「罪の大水」という意味合いである。洪水物語の背景には、人間の罪、悪に対する神の裁きがあるという。この物語は単なる自然災害ではなく、人間の罪に対する神の裁きとしての洪水という意味が示されていると考えられる。「主は、地上に人の悪が増し、常に悪いことばかりを心に思い計っているのを御覧になって、地上に人を造ったことを後悔し、心を痛められた」(創世記六・五)と記されているではないか。

信仰の人であるノアは神のいましめに従い大きな箱舟をつくり、獣や鳥を伴って箱舟に入り、大洪水にも守られ、約一年後に箱舟を出て、大地に立った。箱舟の中で過ごしたノアは不安と希望の入り混じった忍耐の約一年であったと想像できる。ノアは神のいましめを固く信じ、新しい地に一歩を印すことができた。

人間が、獣・鳥・すべての生き物と共に生きる箱舟共同体を目指す以外に新しい世界は到来しないだろう。自然のリズムと循環の保全が人間の忠実な生き方ではないだろうか。人間の欲望によってこのリズムを変えることは、決してあってはならない。

二〇二〇年二月一日

中村哲さんを偲ぶ

主の言葉が再びヨナに臨んだ。「さあ、大いなる都ニネベに行って、わたしがお前に語る言葉を告げよ。」ヨナは主の命令どおり、直ちにニネベに行った。

（ヨナ書三章一〜三節）

昆虫を取るのが好きで野山を走り回っていた少年は、その後、登山隊に参加したのが、かの地との出会いになった。数年後、医師として難民救援に関わり、ついに三五年の長きにわたりアフガニスタンの人の友となった中村哲（なかむらてつ）さん。当初の中村さんは医療を通じて支援していたが、水不足で多くの子どもたちが命を落とすのを見て医療の限界を感じ、用水路の建設に着手する。「診療所を一〇〇個つくるよりも、用水路を一本つくった方がアフガニスタンの人の健康にはるかに役立つはず」と中村さんは言っていた。

人はいつか死んでいくが、これほど日本中に、いや世界中に深い感銘を与えた人の死があっただろうか。中村さんは、暴力が結局何も生み出さないということを自らの命を賭して教えてくれた。

私たちは、自分の人生が、すべて自分の思い通り、願った通りに実現することなど、ほとんどないといってよいだろう。むしろ、自分の志とは違う方向に歩むことのほうが多い。そんな時、思い通りにならないからと不平、不満を言っても始まらない。自分でもよく分からないが、何かに強いられているところに自分の「使命」があるのかも知れない。中村さんは、そのような「使命」を自分の志として受け止め、アフガニスタンに行かれたと思う。

旧約聖書のヨナ書の主人公、預言者ヨナは、神からアッシリアの都ニネベに行き、神のメッセージを語ることを命じられる。しかし彼にとって神の命令は不本意なものであったので、ニネベとは反対方向のタルシシュ行きの船に乗り逃げ出してしまう。ところが神が起こした暴風のため船は難破しそうになる。すると船乗りたちは誰のせいで嵐が起こったのか「くじ」を引こうと言い出す。その結果「くじ」はヨナに当たり、彼が海に放り込まれると嵐は静まった。神に命じられた大魚がヨナを飲み込み、ヨナは大魚の腹の中で三日三晩過ごした後、陸地に吐き出された。その後、ヨナはニネベに行き、神の預言を告げる。結局ヨナは神の命令から逃れられず、その使命を果たすことになった。

二〇二〇年三月一日

新たな使命への呼びかけ

そこでイエスがお尋ねになった。「それでは、あなたがたはわたしを何者だと言うのか。」ペトロが答えた。「あなたは、メシアです。」（マルコによる福音書八章二九節）

東日本大震災で記憶に残っている話がある。

迫りくる大津波からおばあさんと一緒に逃げた女子大学生がいた。「これ以上走れない」と言って座り込んだおばあさんに「早く行け、行け」と怒鳴られ、途中から一人で逃げた。三日後、遺体安置所で魚市場の魚のように転がされていた祖母と対面した。この学生は、「祖母を見殺しにし、自分だけ逃げてしまった。そんな自分を一生呪って生きていくしかないのでしょうか。どうすれば償うことができるでしょうか」と語っていた。

そんな記事を読んだ時、私は彼女を慰める言葉が見つからなかった。きっとおばあさんは、若い娘一人ならば助かると自らの意志と判断で孫を単独で行かせたのだろう。おばあさんの瞬時の決断が失われようとした命を助けた。その言葉は孫娘の中に受け継がれていることだろう。

予想もしなかった弟子たちの離反、最後の晩餐、ゲツセマネでの祈り、イエスの逮捕と裁判、十字架の死と復活へと聖書はイエスをめぐる激しい動きを克明に記している。

三度もイエスを「知らない」と裏切った一番弟子のペトロ。かつてイエスに「わたしを何者だと言うのか」と問われた時、ペトロは即座に「あなたは、メシアです」と答えた（マルコ八・二九）。この時は、ペトロの心の最も高揚した一瞬であったと思う。そんなペトロに対してイエスは、これまで一度も言ったことのない自分の受難を予告した。イエスの心も高ぶっていたと思われる。

イエスの十字架の出来事の後、言い知れぬ後悔を抱えて故郷ガリラヤに戻り、虚しい思いで漁師に戻ろうとしていたペトロ。そのペトロの前に現れた復活のイエスは、「ヨハネの子シモン、わたしを愛しているか」（ヨハネ二一・一五～一七）と、彼の裏切りの回数と同じく三度も問いかけ、ペトロの想いを確かめている。

イエスがペトロに望んだのは、自らへの裏切りへの代償ではなく、新たな使命への呼びかけであった。あの女子大学生もおばあさんの心と命を受け継ぎ、いま新たな歩みを始めていることだろう。

二〇二〇年四月一日

陰の役者アンデレ

イエスは、ガリラヤ湖のほとりを歩いておられたとき、シモンとシモンの兄弟アンデレが湖で網を打っているのを御覧になった。彼らは漁師だった。イエスは、「わたしについて来なさい。人間をとる漁師にしよう」と言われた。

（マルコによる福音書一章一六〜一七節）

コロナウイルス感染症の予防は、人と接触しないことだそうだ。今年四月七日の緊急事態宣言の冒頭、安倍首相は「人と人との接触機会を最低七割、極力八割削減できれば、二週間後には感染者の増加を減少に転じさせることができる」と訴えた。

人は生まれてから人生を終えるまでの間に、たくさんの人と出会い、人との関係の中で、自分を発見し、自立し、自分の道を探り出していく。人は一人では生きていくことのできない存在である。それなのに感染予防とはいえ、他者と接触してはならないとは何と皮肉なことであろうか。

私は、時々運命の不可思議さを感じる。決して劇的な出会いでなくとも、ごく日常的な自然の成り行きのような、あるいは偶然の出来事のような人との出会いが、人を変えるし、目覚めさせる。イエスと出会ったアンデレに何が起こったかを学んでみたい。

イエスは、十二弟子を選んだ時には夜を徹して祈って指名したと伝えられているが、彼らはイエスの教えを十分に理解していたとは思えない。弟子になろうという動機もいろいろで、自分が一旗あげようと思っていた者もいた。優れた指導力をもっていたとも思われない。宗教的雰囲気を漂わせていたわけでもない。このような彼らの中で最初に弟子になったのが、シモンと呼ばれたペトロと兄弟のアンデレである。

ペトロは弟子の代表格で、聖書には良きにつけ悪しきにつけ彼のエピソードが最も多く記されている。一方、アンデレは、いつもペトロとの関わりでだけでその名前があげられる。いつもペトロの陰に隠れた存在でしかなかった。何かにつけ目立ちたがりのペトロと違う性格のアンデレは、人の注目の的になるのではなく、目立たないところで人の助けとなることを喜ぶ道を選んでいるように思われる。アンデレは、そのような役を果たすことに喜びを感じていたに違いない。実は、イエスの弟子になろうとペトロを誘ったのはアンデレであった。

二〇二〇年五月一日

「人の痛み」に共感する心

そのころ、ある安息日にイエスは麦畑を通られた。弟子たちは空腹になったので、麦の穂を摘んで食べ始めた。ファリサイ派の人々がこれを見て、イエスに、「御覧なさい。あなたの弟子たちは、安息日にしてはならないことをしている」と言った。

（マタイによる福音書一二章一〜二節）

緊急事態宣言の下で営業している飲食店に「休業しなさい。次発見すれば、警察を呼ぶ」などという匿名の張り紙があった。こうした行為は「自粛警察」と呼ばれているらしい。日本特有の同調圧力が悪い方向に出ているようだ。「自粛警察」という名の私的制裁が行き過ぎると、陰湿な相互監視社会になる恐れがある。

神は天地創造の業(わざ)を終えた七日目を休み、安息日とした。安息日は神聖で、これを守ることは神の秩序を証言することであった。だから安息日を守らないことはユダヤの人びとにとって神の教えに背く行為であった。

麦の穂を食べた弟子たちの行為も安息日には許されない、という掟があった。初めからそんな細かな規定があったのではなく、最初は「安息日を大事にする」というだけであった。しかし、それだけでは内容が乏しいので不安になり、次第に安息日の内容を詳しく規定するようになった。たとえば、職場で働くことを禁止するとか、料理を作るのもどうか、一日何歩以上歩いたら働いたことになるとか、規定は増えていき、一説によると一五二一もつくられていたという。そして、その規定通りに生活していれば神の掟に背いていない確かな証拠とされた。

ファリサイ派の人びとは特に規定（律法）に厳格で人びとの生活を監視していた。弟子たちの歩きながら麦の穂を食する態度は我慢ならなかった。彼らは安息日を軽んじていると批判し、その師であるイエスを窮地に陥れようと企んだ。するとイエスは「わたしが求めるのは憐れみであって、いけにえではない」（マタイ一二・七）とホセア書の言葉を引用して答えた（ホセア六・六参照）。

この「憐れみ」という言葉を「人の痛み」と訳している聖書がある。「人の痛み」とは、心や体の飢え、渇きのことである。イエスは、ファリサイ派が規定ばかりを主張し、「人の痛み」に共感する心、人間存在の大切さを忘れ、真の安息日を失っていると断じた。現代のファリサイ派か「自粛警察」。

二〇二〇年六月一日

壁ではなく架け橋を

実に、キリストはわたしたちの平和であります。二つのものを一つにし、御自分の肉において敵意という隔ての壁を取り壊し、規則と戒律ずくめの律法を廃棄されました。

（エフェソの信徒への手紙二章一四～一五節）

戦後七五年の節目の年であったが、まさか未知のウイルスにこれほど苦しめられるとは誰もが想像しなかったであろう。社会のもろさと病理を映し出す「時のしるし」のように思われてならない。

今から七五年前の八月一五日も戦争から平和への大きな分かれ道であった。あの時から日本は国内的には平和を保ってきたようだが、世界を俯瞰すると戦火の絶えることはなかったし、数え切れない人の命が奪われ、犠牲が重ねられてきた。それに目を閉じて、経済の発展にだけ目を向けてきた結果が現在の日本である。社会は液状化し、精神的空洞が大きくなってきている。外面的繁栄の陰で、弱者は顧みられることなく切り捨てられている。コロナ禍の今日、日本は再び大きな分かれ道に立っている。

ユダヤ人と異邦人が激しく対立していたエフェソの教会に向けられたメッセージである。「隔ての壁」とは、神殿のユダヤ人の庭に立っていた石の壁を想定したものと考えられている。中庭と内部がこの壁で隔てられ、神殿内部にはユダヤ人しか入れなかった。イエスは自らの命を賭けて、この壁を崩し、乗り越えていくように呼びかけている。

イエスの生涯は、「壁」を作ることではなく、「架け橋」を作ることにあった。イエスは、この世で見捨てられていた罪ある人、病や障がいに苦しむ者などに積極的に近づき交わりをもった。イエスは、私たちに「隔ての壁」を取り壊し、世でいう小さく、弱くされている者に、「橋を架ける」ことを求めている。

トランプ大統領は、排外主義的な主張の顕著な人であるが、不法入国者を阻止するためにメキシコとの国境に長大な壁を築くことに熱心である。二〇一六年に壁の建設と不法移民の強制送還を主張していた大統領候補のトランプに対して、フランシスコ教皇は記者団に「どこであろうと、壁を作ることしか考えず、橋を架けることを考えない人は、キリスト教徒ではありません」と言っている。

自分の心に幾重にも強固な「隔ての壁」を築く私たち、これらを一つずつ崩して、イエスの求めに応じた歩みをしたいものだ。

二〇二〇年八月一日

上を向いて歩こう

目を上げて、わたしは山々を仰ぐ。
わたしの助けはどこから来るのか。
わたしの助けは来る　天地を造られた主のもとから。
（詩編一二一編一～二節）

妻は女子学院在学中に、山本つち院長から戦後再建された新校舎が一年後に火事により全焼した話を何度も聞いている。火事の翌朝、山本院長は瓦礫（がれき）と化した校舎の前で天を仰ぎ、微動だにせず詩編一二一編を読み、この詩編を詠った讃美歌三〇一番を讃美したという。現在でも女子学院は毎朝の礼拝をこのチャイムで始めている。

今年予定されていた八月の花火大会はほとんど中止となった。その代わり六月一日の夜、全国一斉に花火が打ち上げられた。新型コロナウイルス感染で苦しむ人たちや医療従事者を励ますための「花火プロジェクト」で全国の一六三の花火業者が協力したという。高崎市では若手花火師たちが、『上を向いて歩こう』のリズムに乗せて花火を打ち上げた。私たちも少しでも上を向いて歩こうではないか。打ち上げ花火は、およそ三〇〇年前の享保年間に大飢饉とコレラの大流行で多くの犠牲者が出たことを悼んで悪疫退散の祈りと願いを込めて始められたといわれている。

讃美歌三〇一番「山べにむかいて」として詠われた詩編一二一編は、ユダヤ人がエルサレムに向かう際に歌った「都上りの歌」である。

詩人は「わたしの助けはどこから来るのか」と深い嘆きを含んだ問いを発している。ユダ王国が滅亡、その民は新バビロニアの首都バビロンに連行された。いわゆる「バビロン捕囚」である。異教の地に軟禁されたイスラエルの民は「お前たちの神は死んだ」と神ヤハウェへの嘲りを長く受けていた。イスラエルの民は、悔しさを抱えながら祈り続けるが、その祈りは一向に聴かれない。そんな時、詩人は神への疑いを向けつつも、下を向くのではなく上を向いて祈ろうと呼びかけている。そして、「わたしの助けは来る　天地を造られた主のもとから」との答えを受け取った。

それは、深い嘆き、悲しみの最中にも上を向いて、神に祈りを捧げたからではないだろうか。聳(そび)え立つ山々を眼の前にしたとき、イスラエルの民は、そこに人知を超える存在を思い描いたと思われる。

二〇二〇年九月一日

アカウンタビリティー

それで、わたしたちは一人一人、自分のことについて神に申し述べることになるのです。

（ローマの信徒への手紙一四章一二節）

「説明責任」は英語で「アカウンタビリティー」（accountability）という。実はこの言葉の出典は聖書にあると言われている。「それで、わたしたちは一人一人、自分のことについて神に申し述べることになるのである」とローマの信徒への手紙に記されている。いくつかの英語訳では So then, each of us will give an account of himself to God. となっており、「申し述べる」は account に当たる。

七年八カ月の長期政権が幕を閉じた。退陣の記者会見で説明責任を問われると「国民が判断することだ」と評価を世論に委ねた。「森友問題」では、「私や妻が関係していたら総理大臣も国会議員も辞める」と発言後、財務省の決裁文書から昭恵氏らの関与がうかがわれる部分を削除する改竄（かいざん）が行われた。森友学園に国有地が破格の値段で売却されたことなどの説明は果たされていない。

ルカによる福音書（一六・一～一三）には次のようなイエスのたとえ話が出てくる。ある管理人が主人の財産を浪費してしまった。主人は彼を呼んで「お前について聞いていることがあるが、どうなのか。会計の報告を出しなさい。もう管理を任せておくわけにはいかない」と言った。すると、管理人は「どうしようか。主人はわたしから管理の仕事を取り上げようとしている。土を掘る力もないし、物乞いするのも恥ずかしい」と煩悶（はんもん）している。なぜ管理人は会計報告をしなければならなくなったのだろうか。それは彼が主人から財産を預かっている管理人であり、財産は自分の所有物ではなかったからである。私たちも自分の所有物はすべて自分のものだと思っているが、天からの預かりものではないだろうか。

安倍首相はイエスのたとえにある管理人と同じように国民の公僕である。だから、国民に対して説明する責任がある。「国民の判断に委ねる」のではなく自ら申し開きをしなければならない。また私たちも、自分の人生を自分の都合のよいように説明するのではなく、自分の人生についてきちんと申し開きをしなければならない。果たして私自身は申し開きしてきたのか忸怩（じくじ）たる思いだ。

二〇二〇年一〇月一日

寛容の心

一切高ぶることなく、柔和で、寛容の心を持ちなさい。愛をもって互いに忍耐し、平和のきずなで結ばれて、霊による一致を保つように努めなさい。

（エフェソの信徒への手紙四章二～三節）

聖書は「寛容の心」を持つことを勧めているが、私たちの社会は、こうした「寛容の心」とは相容れない嫌な空気が広がっているように感じられる。国際政治の世界だけでなく身近なところでも、トゲトゲした乱暴な、他者を攻撃する言葉、他者を受け入れない心があちこちで見受けられる。同じ意見や考えを持った者だけが寄り集まっては、自分たちと異なる意見や考えを持つ人たちを否定し、排除する空気が拡散しているように思われてならない。

「寛容の心」とは、ただ単に「なんでも受け入れる」というのとは違い、他者に関心を寄せつつ、その意見を認めることである。他者の意見を認めるということは、他者の意見に賛成とか同意することではない。他者の意見を尊重し、無視しないことである。

最近の社会は、端的に言って、他者に対して敬意を持たなくなったようだ。アメリカや日本の指導者は、自分の主張だけを繰り返し、相手の意見や考えを謙虚に聞こうとしない。アメリカでは大統領候補者の公開討論会、日本では学術会議の任命問題、いずれも相手の意見や考えに耳を傾けず、強弁を繰り返している。

聖書の時代でも今日でも、この世にはいつも、偏見、差別、憎しみ、嫉妬、恨みなど、さまざまな「寛容の心」を阻害する力が陰に陽に怪しく蠢（うごめ）いている。イエスの常識を逸脱した型破りの行動には、その根底に他者を生かすための他者への「寛容の心」を持ち、表層の嘘を暴き、真実を明らかにする姿がみられる。

この箇所の「寛容」はギリシア語で「マクロテューミア」と言い、「怒らないで気長く我慢すること」という意味に訳されるそうだが、私はしばしば「怒り」が込み上げてきてしかたがない。

かつて私は連れ合いから「実るほど頭を垂れる稲穂かな」という言葉を毎朝出がけに言われていた。秋が深まると、稲穂もたわわに実り、その重みで穂先が垂れる。それと同じように人も成熟すればするほど謙虚になるということなのではないだろうか。

二〇二〇年一一月一日

苦悩と喜びを分かつ――マリアと矢島楫子

そこで、マリアは言った。
「わたしの魂は主をあがめ、
わたしの霊は救い主である神を喜びたたえます。
身分の低い、この主のはしためにも　目を留めてくださったからです。」
（ルカによる福音書一章四六～四八節）

マリアは自分が妊娠したことを知らされ驚く。まだ許婚（いいなずけ）のヨセフとは結婚していなかったからである。世間に知れると姦淫による妊娠と判断され殺されてしまうかもしれない出来事である。この妊娠による不安と苦悩は計り知れないものであったと想像できる。しかし、マリアはそれを神の恵みとして受け入れる覚悟をしている。

そして、マリアはエリサベトという女性を訪ねる。祭司ザカリアとエリサベトは正しい人で主の掟を守って生活していた。しかし、エリサベトは不妊の女で彼らには子どもがなかった。当時の社会では「不妊の女」は存在価値がないかのように言われていた。ところがある日、ザカリアが天使から妻エリサベトが男の子を産むと予告される。二人とも年をとっていたので信じられなかったが、その予告通りエリザベトは身ごもり男の子を産んだ。マリアはエリサベトに会い、苦悩と喜びを分かち合った。

マリアやエリサベトと同じような出産の苦悩を体験した日本人女性がいた。後に女子学院の初代院長になった矢島楫子（やじまかじこ）である。

矢島楫子は、一八三三年に熊本で生まれ、二五歳で結婚し三人の子どもを出産するが、夫の酒乱に苦しめられ、離婚する。三五歳の時、一番下の娘を連れて実家に戻るが、子持ちの女性の居場所はなく住まいを転々とする。三九歳の時、東京の兄が病気となり、看病のため単身上京、その時同居していた妻子ある書生と恋に落ち、予期せぬ妊娠をする。楫子が洗礼を受けた後に甥の徳富蘇峰から「叔母上の受洗に疑問を持つ。叔母上は幼き子を捨てた。妻子ある者の子を出産した。教育者として罪を秘めながら通すつもりか」と糾弾する手紙を受け取る。楫子はすぐに甥に「妻子ある者の子を産んだ罪には一言の弁明もない。ただ受洗の前にこの罪を牧師と信徒に告白すべきとは思わない」と返信する。

楫子は、「姦淫の女」の記事を我がこととして受け止め、「わたしもあなたを罪に定めない」（ヨハネ八・一一）というイエスの言葉を心に秘めて生きた。

二〇二〇年一二月一日

自由への出発

アブラムは、主の言葉に従って旅立った。ロトも共に行った。アブラムは、ハランを出発したとき七十五歳であった。（創世記一二章四節）

「あなたは多くの国民の父となる。あなたは、もはやアブラムではなく、アブラハムと名乗りなさい」（創世記一七・五）と神に言われた時のアブラハムは九九歳であった。彼の生涯は一七五年であったというから、人生半ばで突然名前の変更を命令されている。

アブラハムは七五歳で、突然、自分の一切の生活の場を棄てて未知の土地に向かって出発した。理由は「わたしが示す地に行きなさい」と神に命じられたからである。

神がアブラハムに将来への約束を示したかといえば、確かなものは何もなかった。周囲の人たちは「七五歳にもなってそんな無謀なことはやめた方がよい」と忠告したに違いない。「アブラハムの出発は、神のふところに向かって身投げするようなものだ」と言った人がいたそうだが、普通「身投げ」といえば人生の終わりということである。しかし、自分の全存在を賭けての旅立ちであるならば、それは新しい人生への出発といえよう。

森有正は『アブラハムの生涯』（日本基督教団出版局、一九八〇年）に収められた講演の中で、アブラハムにそのような決断をさせたのが「強い内的な促し」であると述べている。

「それは文字通り内面的な促しで、その内面的ということの意味は、いわゆる瞑想的であるとか人づきあいが嫌いとかいうことでは全くなく、外からの影響や誘惑、成功とか立志とかお金とか、という人間的な顧慮、そういうものとは全く関係がないという意味であります。アブラハムの出発は、結局本当の内的世界への、人間への、自由への出発だったと私は考えます。内的世界とか人間とか自由とか、みな同じことを意味します」。

神の呼びかけは、主として聖書を通して語られるが、時には他の書物や人の言葉を通して、時にはさまざまな出来事を通して語られる。その呼びかけに応答して、自分の全存在を賭けて出発することで思いがけない新しい人生が展開するかもしれないと思う。一年の初めにアブラハムのように「内的な促し」を聞きとったら、その呼びかけに歩み出してみたらどうだろうか。

二〇二一年一月一日

言葉の力

それでもなお、モーセは主に言った。「ああ、主よ。わたしはもともと弁が立つ方ではありません。あなたが僕にお言葉をかけてくださった今でもやはりそうです。全くわたしは口が重く、舌の重い者なのです。」

（出エジプト記四章一〇節）

父は晩年しばらく妹の家で暮らしていた。妹から父の持ち物を処分したと知らせがあり、数日後、祖父の書物数点が送られてきた。

父は祖父の使っていた聖書を大切に保管していた。その聖書の表紙の裏に、ヨハネによる福音書一章一節の聖句「ハジマリニ　カシコイモノ　ゴザル　コノ　カシコイモノ　ゴクラク　トモニ　ゴザル」と祖父が万年筆で記していた。この聖句は宣教師ギュツラフが幕末に翻訳した日本語訳聖書からの引用であった。ギュツラフが「ことば」を「カシコイモノ」と訳したことに「あっぱれ」をあげたい。

神はモーセに声をかけ、エジプトで過酷な奴隷として苦しむイスラエルの民を導き、助け出すようにと使命を与えた。この使命を受けた時、モーセは繰り返しそれを固辞している。彼には口ごもるような言語障害があったからとも言われている。そうであるならばイスラエルの人びとに語りかけ導いて、神からの使命を遂行するのは困難となる。

モーセにはアロンという兄がいて、モーセと違い雄弁な言葉の人であった。アロンこそ神に選ばれるのにふさわしい人ではないか、とモーセは思ったのではないだろうか。しかし神はあえて、アロンではなくモーセを選んだ。そして、神はモーセに語るべき言葉を与え、モーセは神の口となった。だから口下手であってもよいのだ。もしアロンが選ばれたら、自分の言葉を過信し、神の言葉ではなく自分の言葉を語り、神からの使命ではなく自分の野望を遂げることになったかもしれない。問題は誰を指導者として選ぶかだ。

再び首都圏中心に緊急事態宣言が発令された。ワクチンの接種、大量の検査、医療体制の確保など重要なことであるが、国のトップが発する言葉の説得力も、その一つではないかと思う。ドイツのメルケル首相の演説は国民に寄り添う姿勢が強く感じられたという。わが国のトップは心に響く誠実な「カシコイ」言葉を発したのか。

二〇二一年二月一日

光と闇との間で

キリストは、神の身分でありながら、神と等しい者であることに固執しようとは思わず、かえって自分を無にして、僕の身分になり、人間と同じ者になられました。

(フィリピの信徒への手紙二章六節)

この世には、なぜ未知のウイルスの脅威や自然災害のような災禍が起こるのだろうか。また、暴力や差別という悪によるさまざまな苦難が襲ってくるのだろうか。コロナの感染で家族を失った人が「神も仏もあるものか」と言ったそうだ。この人は、もし神や仏がいるならば、なぜ、何の罪もない人の命まで奪うのかと、神や仏を呪ったという。この呪いは、多くの人たちが共感するものだ。

歴史の中では、光は闇なしにはわからない。光は光からはもたらされない。光は闇の中で初めて光として見えてくる。愛というものは悪をしっかり見つめる中から見えてくる。幸福は不幸を見つめる中で見えてくる。病気なしに健康の有り難さがわからないようなものである。希望の光は絶望の間際まで行くことにより初めて希望というものがわかるのではないだろうか。

私たちは見たくないものにしっかりと目を向けて見なければならない。そうしないと私たちは、無意識のうちに悪に染まってしまう。悪意があるから悪なのではなく、無関心や他人の不幸や悲劇に冷淡であることが、結局は悪に加担することになる。

私たちは決して一人では生きられない。私たちは、この世界、この社会の一員である。だからこそ他者からの思いやりや愛が必要になる。そして、他者に対して思いやりや愛を返すことができるようになると思う。

イエスは、私たちと同じ人間となられ、十字架にかけられ、血を流されたということは、イエスは決して私たちの頭上遠くに超越的なところにおられるのではなく、私たちの最も悲惨なところまで下りてきてくださったということを示している。「自分を無にして、僕の身分になり、人間と同じ者になられた」ことから、イエスの愛が始まった。それを私たちが分かち合う、それが今の時代に私たちにとって聖書的なメッセージであるといえる。

私たちにはいろんな試練が待っていると思うが、そのたびに一喜一憂せず、僕の身分となられたイエスに倣う者でありたい。

二〇二一年三月一日

人心を惑わす政治的扇動

そこで、ピラトは改めて、「それでは、ユダヤ人の王とお前たちが言っているあの者は、どうしてほしいのか」と言った。群衆はまた叫んだ。「十字架につけろ。」
（マルコによる福音書一五章一二～一三節）

新型コロナウイルス感染が拡大し始めた時、トイレットペーパーやティッシュペーパー、カップ麺が品薄になるというデマが流された。多くの人たちがコンビニなどに殺到、買いだめに走る姿があった。ある人たちの扇動、デマに踊らされて民衆が暴徒化する出来事には、ナチスのユダヤ人虐殺、関東大震災での朝鮮人虐殺、太平洋戦争中の日本軍によるアジア諸国民への蛮行などが歴史上知られている。

ピラトからイエスをどうしてほしいのか、と問われた民衆は「十字架につけろ」と狂ったように叫んだ、と聖書は記している。彼らは、わずか数日前「ダビデの子にホサナ」（マタイ二一・九）とイエスをエルサレムに喜び迎えた人たちであった。彼らは、イエスこそが自分たちの待ち望んでいたメシア（救い主）だと大歓迎した。それがわずか数日後には「十字架につけろ」と喚いている。彼らの心中に何が起こったのだろうか。

イエスが裁判にかけられた時、裁判長ピラトは、イエスを死刑にする罪状を見出していなかった。どちらかというとピラトはイエスを釈放する手立てを考えていたように思われる。しかし、ピラトはイエスを処刑せよ、と叫ぶ彼らの執拗な要求をはねつけることができず、イエスの十字架刑を宣告せざるを得なかった。ピラトは彼らの前で手を洗い「この人の血について、わたしには責任がない。お前たちの問題だ」（マタイ二七・二四）とさえ言っている。

当時の宗教的指導者の祭司長、律法学者たちが、民衆を扇動したと言われているが、聖書には明確な証拠が記されていない。確かに、宗教的指導者たちは、イエスを律法を冒瀆する危険人物と考え、いずれイエスを抹殺しようと企んでいたことは間違いないだろう。エルサレムの祭りは、そのような宗教的指導者にとってイエスを葬るよい機会であった。この祭りでは民衆の願いにより犯罪人を一人釈放する習慣があった。イエスは扇動する宗教指導者の思惑、扇動に簡単に乗ってしまう民衆の弱さを十分承知の上で十字架にかけられたのだろう。

二〇二一年四月一日

主はよみがえられた

なぜ、生きておられる方を死者の中に捜すのか。あの方は、ここにはおられない。復活なさったのだ。まだガリラヤにおられたころ、お話しになったことを思い出しなさい。

（ルカによる福音書二四章五〜六節）

今年のイースターは四月四日であった。イースターの祝日は「移動聖日」と言い毎年日にちが違っている。春分と満月の関係で決められているからである。そのせいかクリスマスと比べると世間からほとんど見向きもされない。

復活が信じ難いというのは現代人だけでなく、イエスの弟子たちも同じだった。最初にイエスの遺体を納めた墓が空になっているのを見つけた婦人たちも復活を容易に信じなかった。彼女たちの報告を聞いた弟子たちは、それを「たわごと」としか思わなかったという。確かに人間は、一人の例外もなく必ず死んで、生き返ることなどありえないからである。ところが、墓に来てみると、入口の大きな石がどけられ、イエスの死体が見当たらなかった。途方にくれた彼女たちに、二人の天の使いが「なぜ、生きておられる方を死者の中に捜すのか。あの方は、ここにはおられない。復活なさったのだ」と語りかけた。

「私のお墓の前で　泣かないでください　そこに私はいません　眠ってなんかいません」というのは、新井満（あらいまん）が翻訳した詩『千の風になって』の冒頭の一文である。この原詩は、一九三〇年代にアメリカの主婦が生み出したものと言われ、二〇〇二年九月一一日にニューヨークのグランド・ゼロで行われた同時多発テロ一周年の追悼集会で朗読された際には、多くの人びとの感動を呼んだ。日本では二〇〇三年に発表された新井満氏の歌唱によるCDや、二〇〇六年の秋川雅史氏の歌唱によるCDがロングセラーとなった。この歌が、多くの人を慰め、癒す効果があったとしても、死の問題の本当の解決にはならない。この歌には厳密な死の現実に対して、それを克服するだけの力があるとは思えない。この歌には厳密な意味の死がない。

天の使いは、単純に死んではいないと言ったのではなく「復活なさった」と言っている。「復活」という字は、また生きる、再び生きるという意味である。だから一度死なないと「復活」ということにはならない。霊魂不滅的に、すぐ何か他のものに生まれ変わるのは「復活」ではない。聖書は「復活」を、神ご自身のみこころにより、イエスだけに起こった出来事として示している。

二〇二一年五月一日

試練と逃れる道

モーセは言った。「道をそれて、この不思議な光景を見届けよう。どうしてあの柴は燃え尽きないのだろう。」

（出エジプト記三章三節）

突然に出現してくる人生の岐路。焦って選択を誤り、自ら隘路に陥ってしまう場合がある。また諸事情により否応なく一方の道に進まざるを得ない辛さを抱えることもある。その結果、予想外の状況に立ち至ってしまい、無理矢理に道を違えられたことの意味を問いつつ嘆く、そんな泥海に長くもがき、痛みや苦しみから逃れられないことを経験することがある。それでも「道をそれる」ことから思わぬ新たな人生が展開することをモーセに学びたい。

出エジプトの指導者モーセの人生も、幾多の紆余曲折、方向転換に満ちていた。生まれ落ちるや、イスラエルの男児殺害の命令下、葦の籠に入れられ、ナイル河の畔に隠される。たまたま王家の娘に拾われ、「モーセ」と名づけられ、恵まれた環境で育てられる。しかし成長したモーセは、イスラエルの同胞がエジプト人から苛酷な目に遭っているのを見過ごすことができず、怒りにまかせてエジプト人を殺してしまう。ミディアンの荒野へと追いやられ、そこで長い期間、羊飼いとなって身を潜めて生活していた。幼少期から青年期、そして壮年期と、思ってもみなかった人生の転換の連続を経験した。

そんなモーセは、ホレブの山で燃え尽きない柴を見つけ、再び歩みの方向を変える。「道をそれる」ことでモーセは、神と出会い、イスラエルの民をエジプトから導き出すという、予期せぬ使命を与えられる。ここでモーセが「道をそれ」たことは、彼の人生そのものを象徴している。ホレブの山での出来事に限らず、モーセは人生にいくたびかの方向転換を経験するが、それらの多くは挫折や失意から生まれたものであった。

出エジプトの旅路を踏まえ、試練のうちに崩れ、倒れていく弱き者たちを憶え、「あなたがたを襲った試練で、人間として耐えられないようなものはなかったはずです。（中略）試練と共に、それに耐えられるよう、逃れる道をも備えていてくださいます」（Ｉコリント一〇・一三）とパウロは追憶している。「逃れる道」とは試練を迂回(うかい)するのではなく、その真っただ中を通り抜けた先にある「出口」である。

二〇二一年六月一日

山室軍平――地の塩として

あなたがたは地の塩である。だが、塩に塩気がなくなれば、その塩は何によって塩味が付けられよう。もはや、何の役にも立たず、外に投げ捨てられ、人々に踏みつけられるだけである。

（マタイによる福音書五章一三節）

「救世軍」というキリスト教の団体は多くの人に知られているが、その指導者である山室軍平の名を知る人は少ない。

救世軍（Salvation Army）は、イギリスのウイリアム・ブースが一八六五年に創設した、軍隊組織を取り入れたキリスト教のグループである。山室は孤児救済事業をしていた石井十次からウイリアム・ブースのことを知り、彼らの活動や考え方に興味を持ち、一八九五（明治二八）年に救世軍に入隊した。そして、日本人として最初の救世軍士官となり、キリスト教の伝道活動を始めることになった。山室は路傍伝道を行いながら、貧困のために苦しむ人たちの救済活動を始めた。社会福祉とか社会事業という言葉も、人権保護の法律やシステムもなかった時代に、山室はその先駆けとなる活動を実践した。

山室は、一八七二（明治五）年に小田県哲多郡（現・岡山県新見市）の農家の三男として生まれたが、父親が田畑を売り渡したため経済的に困窮し、彼は裕福な家の養子に出された。一八八七年、路傍伝道で聖書の言葉に触れた山室は、翌年に築地福音教会で洗礼を受け、その後福音神学校（現・日本聖書神学校）に入学し、さらに一八八九年に一七歳で同志社予備学校に入学したが、二二歳の時に同志社を中途退学している。

山室は、塩の役割を模範とし、「地の塩」と呼ばれる人間になりたいと記している。

「『汝等は地の塩なり』とは、私共が人間生活に於ける塩と同じく、一日もなくて叶はぬ人間たるべきことを、教へられたものである。しかも塩が、そんなに、この世になくては叶はぬわけは、其の中に塩辛い味があるからである。其の如く私共は亦銘々、神を敬うて義しきを行ふ所の、主義信念を有つた人物である故に、したがつて又、一日もなくては叶はぬ人物でありたきものである。（中略）

救世軍は、此の地の塩たるべき人間を造らん為に働く団体である。（中略）私共は地の塩と呼ばれて、恥かしからぬ人間となりたきものである」（『日常生活の宗教』救世軍出版及供給部、一九三二年）。

二〇二一年七月一日

平和に至る道

実に、キリストはわたしたちの平和であります。二つのものを一つにし、御自分の肉において敵意という隔ての壁を取り壊し、規則と戒律ずくめの律法を廃棄されました。

(エフェソの信徒への手紙二章一四～一五節)

戦後日本の新しい出発点は、一九四七年五月三日に施行された「日本国憲法」である。国民主権・基本的人権・平和主義(戦争の放棄)の三本柱に示されている。特に憲法前文と九条には、「不戦平和」が要で、そこに「政府の行為によって再び戦争の惨禍が起ることのないようにすることの決意」(前文)を込めて、日本が戦後世界に対してなした「不戦の誓い」が掲げられている。

大江健三郎氏が「この不戦の誓いを憲法から取り外せば、なによりもまずわれわれは、アジアとヒロシマ・ナガサキの犠牲者たちを裏切ることになるのです」(一九九四年一二月七日、ノーベル文学賞受賞記念講演)と語ったことを忘れてはならない。

最近再びカントの『永遠平和のために——哲学的草案』(高坂正顕訳、岩波文庫、一九四九年）を読み、七一歳の時に著されたこの老哲学者の熱い思いに心を打たれた。「相共に生活する人々の間の平和状態、決して自然状態なのではない。自然状態はむしろ戦争状態である。……だから平和状態は樹立させなければならない」（二三頁）。「平和とはあらゆる敵意の終末を意味し、それに対しては、永遠なるという形容詞を附加することさえ怪しむべき冗語と言えるのである」（一三頁）。

戦時中のドイツでヒトラーに抵抗して三九歳の生涯で処刑死されたボンヘッファーが世界教会の青年協議会で呼びかけた、「安全保障の道を通って平和に至る道は存在しない。なぜなら、平和は敢えてなされなければならないことであり、それは安全保障の反対である。安全を求めるということは、相手に対する不信感がそこにあるからだ。そしてこの不信感が再び戦争を引き起こすのだ」（一九三四年八月二八日）という一節が心に浮かんでくる。

ここで平和とは、敵意を克服すること、対立を取り去ることと考えられている。このイエスの言葉を、今日の世界にあてはめて考えるとき、民族や宗教の垣根を乗り越え、互いを尊重し、共存をめざすメッセージとして受けとめることができないだろうか。

二〇二一年八月一日

希望に生きる

信仰とは、望んでいる事柄を確信し、見えない事実を確認することです。
（ヘブライ人への手紙一一章一節）

村上龍氏の『希望の国のエクソダス』（文藝春秋、二〇〇〇年）という小説を読んだ。日本社会に絶望した中学生たちが、この国を捨てて大量に海外に脱出するという物語である。旧約聖書の出エジプト記を彷彿させる物語である。この小説の中で主人公の中学生が「この国には何でもある。本当にいろいろなものがあります。だが、希望だけがない」と語る印象的な言葉がある。『希望の国のエクソダス』は一九九八～二〇〇〇年に連載されたものだが、村上龍氏がこのシニカルな小説を書いた時より、日本社会はさらに深刻な状況にあり、将来への希望を語ることさえなくなってしまっている。では今私たちは、なぜ希望を語らなくなったのだろうか。

希望は、金持ちになりたいとか、異性にもてたいとか、有名になりたいというものではない。それらは欲望でしかない。不可能に近いことを夢見る願望も希望とは異なる。また

「果報は寝て待て」のようなただ待っているだけの待望も希望とは異なっている。

「もう一つの人間定義を挙げれば、ホモ・エスペランス（希望する人）という言葉であろう。希望を持つとは人間として生きることの根本条件である。もし人間がすべての希望を捨てたなら、彼は――それを知っているか否かを問わず――地獄の門に入ったのだ。そして自らの人間性を置き去りにしたのだ」（作田啓一・佐野哲郎訳『希望の革命――技術の人間化をめざして』紀伊國屋書店、一九六九年）とエーリッヒ・フロムは述べている。私たちは何を希望として生きているのだろうか。

ヘブライ人への手紙一一章では、「見る」ことと「信じる」ことの違いが述べられている。科学は見える世界、合理的・実証的に説明できる世界の事柄を扱うが、この世界は見える世界がすべてではない。証明されないものは不確かであると考えるのは皮相で浅薄な考え方ではないだろうか。むしろ私たちの人生において見えないもの、証明されないものに真実が隠されている場合がある。

キェルケゴールは「信仰とはキリストと同時的になることである」と言った。希望とは、未来をはらむ現在の状態と言えよう。

二〇二一年九月一日

豊かな収穫を目指して

「また、ほかの種は良い土地に落ち、芽生え、育って実を結び、あるものは三十倍、あるものは六十倍、あるものは百倍にもなった」。そして、「聞く耳のある者は聞きなさい」と言われた。

（マルコによる福音書四章八節）

昨年は女子学院とフェリス女学院、そして今年は横浜共立学園が、創立一五〇年を迎えた。その他多くのキリスト教学校も、一四〇年あるいは一三〇年の歴史を刻んでいる。

これらの学校だけでなくすべてのキリスト教学校は、戦前、国家権力による諸種の制約ないし圧迫を受けた。相次ぐ戦争の中でキリスト教に基づく平和の教育を死守する闘いの歴史であった。その間、キリスト教に基づく教育は時には後退し、あるいは妥協に崩れかかったこともあったが、何とか必死で建学の理念を守ろうと抗っていたのではないだろうか。

敗戦後、多くのキリスト教学校の再建は海外のミッションの支援により行われ、ミッションスクールのブームもあり、他の私立に比べていち早く復興したが、果たしてキリスト教に基づく教育を内実あるものにすることができたかどうかが問われる。

戦後の科学教育・技術教育は飛躍的な発展を遂げたが、市民社会・民主主義社会を担うべき自由で自律的にして責任を担う市民の育成という点では、学校教育は積極的に取り組んでこなかった。高度経済成長の中でＧＮＰの増大のみを求めた経済大国の時代、管理教育の中での偏差値一辺倒の受験教育・大卒の資格だけを求めた時代、人材大国を目指すだけの教育改革の時代、そして愛国心の強調と日本固有の文化への回帰を目指した改正教育基本法の時代を思い巡らすと、わが国の教育にはその根幹に関わる欠けがあったのではと考えざるを得ない。

このような時代にあってキリスト教学校は、キリスト教による人格教育、とりわけ人間の尊厳と平和の教えに立ち続けることができたかと問われている。

イエスの種蒔きのたとえでは、蒔かれた種の多くは絶望的にも成長できなかった。この厳粛な事実の前にキリスト教学校は謙虚でなければならない。しかし、ついに、すばらしい収穫があったと、イエスは語っている。聖書は「種を蒔き続け、耕し続けよ。そして、神にゆだねよ。収穫は確かである」と主張している。

二〇二一年一〇月一日

メメント・モリ

なぜなら、「恵みの時に、わたしはあなたの願いを聞き入れた。救いの日に、わたしはあなたを助けた」と神は言っておられるからです。今や、恵みの時、今こそ、救いの日。

（コリントの信徒への手紙Ⅱ六章二節）

一四世紀の修道院であいさつに使われた「メメント・モリ」というラテン語があった。「死を覚えよ（死を忘れるな）」という意味である。当時のヨーロッパ全土でペストが大流行して人口の三割（二〇〇〇万から三〇〇〇万）の人の命が奪われたといわれている。ペストで死が常態化する中、人びとはもがき苦しんでいた。

ローマ・カトリック教会は、祈りや教皇勅書でこの病と対抗しようとしたが、全く効果がなく、恐怖に怯（おび）えた民衆たちはミサも埋葬の儀式も破壊していった。あらゆる場でケタケタと笑い、踊り狂うという集団ヒステリーも起こった。この現象は後に「死の舞踏」と呼ばれるようになった。

ペストの元凶と断定されたユダヤ人たちは激しい迫害に晒され、多くのユダヤ人が虐殺され、井戸に投げ込まれたという。関東大震災の時に、数えきれない朝鮮人が井戸に毒を入れたというデマにより虐殺されたことを思い起こす。

そのような暗黒の時代の只中、「メメント・モリ」と呼びかける多くの修道士たちは、死と冷静に向き合い、恐怖の中でも自らを律し、「今、この時」を大切に、誠実に歩もうとしていた。

パウロは、宣教の旅の途上で、幾度も厳しい苦難と試練に遭遇しながら、「今や、恵みの時、今こそ、救いの日」と述べている。パウロは、バビロン捕囚から解放された時のイザヤの預言を、自らの今へ届けられた使信として思い起こしていたと言われる。イザヤは「主はこう言われる。わたしは恵みの時にあなたに答え　救いの日にあなたを助けた。わたしはあなたを形づくり、あなたを立てて　民の契約とし、国を再興して　荒廃した嗣業の地を継がせる。捕らわれ人には、出でよと　闇に住む者には身を現せ、と命じる」（イザヤ四九・八〜九）と預言している。

コロナ禍にあって、とかく気持ちが動揺し、落ち着きを失っている私たちである。神に見放されているとも見えるが、苦しみの中にも「今こそ、恵みの時」と語るパウロに耳を傾けよう。

二〇二一年一一月一日

語り掛けられた言葉

天使は、彼女のところに来て言った。「おめでとう、恵まれた方。主があなたと共におられる。」マリアはこの言葉に戸惑い、いったいこの挨拶は何のことかと考え込んだ。

（ルカによる福音書一章二八〜二九節）

やくざな父親が幼い息子に「エンジェルスが優勝したら帰って来るから」と言い、家を出て行く。父親は弱小プロ野球チームのエンジェルスが優勝することなどあり得ないと思うから、もう帰ってこないという意味で言った。少年は孤児院に預けられるが、父親の言葉を信じて、弱いエンジェルスを必死で応援する。すると天使たちがやって来て、少年の願いをかなえるために不思議な力を貸す。結局、エンジェルスは実力で優勝を果たし、少年にもハッピーエンドが用意されていた。何度見ても涙をさそう『エンジェルス』（一九九四年）というアメリカ映画である。

クリスマスは天使の季節である。天使の登場しないクリスマスはあり得ない。クリスマスの出来事は天使に囲まれて生起する。

天使からイエス受胎の知らせをマリアが受けるという場面は多くの芸術作品にもあり、聖書でもっともよく知られている箇所の一つである。クリスマスにはまさに欠かせないシーンである。

受胎告知の出来事は天使ガブリエルが神から遣わされるところから始まり、天使がマリアから離れていったところで終わっている。マリアについては「ナザレというガリラヤの町の一処女」としか記されていない。当時のガリラヤ地方は異教徒も住んでいたという理由でユダヤからは蔑まれていたところであった。「ナザレから良いものは出ない」と諺にも言われていたところであった。宗教的には何の実りも期待されない、不毛の地とされていたところであった。しかし、天使はエルサレムの宮ではなく、ナザレの名のある家系の出でもない一処女マリアに語りかけた。

天使の挨拶「おめでとう、恵まれた方」の「おめでとう」という言葉のもとの意味は「喜べ」である。「喜べ」はマリアの何か優れた性質のゆえにかけられた言葉ではない。そうではなくマリアが特別な恵みを受けていたからである。そしてマリアは「わたしは主のはしためです。お言葉どおり、この身に成りますように」と言った。クリスマスには天使がいなくては成り立たないのだ。

二〇二一年一二月一日

ニコデモの魂胆

イエスは答えて言われた。「はっきり言っておく。人は、新たに生まれなければ、神の国を見ることはできない。」ニコデモは言った。「年をとった者が、どうして生まれることができましょう。もう一度母親の胎内に入って生まれることができるでしょうか。」

（ヨハネによる福音書三章三～四節）

イエスと当時のユダヤ教の有力な指導者ニコデモとの間で新生（新たに生まれること）をめぐって珍問答みたいな会話が交わされている場面である。ニコデモは当時の最高の教えである「律法」に精通し、それを人びとに説き明かし、教える立場にあった。

ニコデモは、ユダヤ議会議員という相当な地位にあり、面子を考えると、人前でイエスに会いに行くことができなかった。ある夜、密かにニコデモはイエスの元を訪ねた。ニコデモがイエスを訪ねた理由を考えてみた。イエスという人物が、どうして不思議なしるしを次から次へとすることができるのか。そのしるしになぜ人びとが惹きつけられるのか。それに比べて自分にはあのような力がない、自分もイエスにあやかって、そのようなしるしを行うようになりたいという思いがあったのではないか。つまりニコデモがしるしを求め、その秘訣をイエスから聞き出すことができれば、という期待をもってイエスに近づいたのではないか。ところがイエスが「新たに生まれなければ」と言われたので、ニコデモは不意をつかれた思いで「年をとった者が、どうして生まれることができましょう」とトンチンカンな答えしかできなかった。

イエスとニコデモのようにすれ違った対話は、私たちの日常生活でもしばしば経験する。たった一つの言葉をめぐって、その受け止め方、聞き方、理解の仕方によってずいぶんとすれ違ってしまう。私たちは、一つの言葉で相手を困らせたり、苦しめたりする。その原因はお互いに相手の言わんとすることに意味を正しく聞こうとする耳を持とうとしないで、自分の思い込みとか先入観、あるいは固定観念にしばられて、自分の思考範囲から一歩も踏み出せないからだ。そういうことで行き違いが起こるのではないか。

先の全く読めないこの不透明な時代の中で、私たちは内側から新たに生まれる希望をもってこの一年を歩んで行きたいと思う。

二〇二二年一月一日

キリストと肩を寄せ合って

わたしは世の終わりまで、いつもあなたがたと共にいる。
（マタイによる福音書二八章二〇節）

「遠藤はともかく弱虫でした」とは、作家遠藤周作を評しての妻順子さんの言葉である。遠藤氏は何度も大きな手術を受けておられるが、手術室に入る直前まで順子さんの手を握って離さず、最後は無理に引きはがされ、震えながら運ばれていったという。順子さんは「私はここまで。でも、ここから先はキリストさまが一緒ですよ」と声をかけて遠藤氏を見送られたそうである。

遠藤氏の『侍』（新潮社、一九八〇年）という小説がある。伊達政宗の命を受けてメキシコ、スペイン、ローマに渡った支倉常長（はせくらつねなが）がモデルになっている。メキシコとの交易許可を取り付けるため、野心家の宣教師ベラスコの導きでスペインに出かけた長谷倉六右衛門（はせくらろくえもん）をはじめ三人の下級武士とその従者たちの物語である。

侍たちは、キリシタンにならなければ任務を果たすことは難しいと言うベラスコの強要に屈し、悩んだ末に受洗する。しかし、旅の途中で日本が鎖国政策をとり、キリシタン弾圧が行われているとの知らせが届き、侍たちの役目は果たされず呼び戻される。そして、侍たちはキリシタンに帰依したことを厳しく問われ、問答無用で処刑されていく。

旅の中で長谷倉はみすぼらしい十字架のキリストをどうしても救い主として受け入れられなかった。しかし、従者与蔵の生き方を通じて、長谷倉はどんな時にも自分を捨てず、共に歩んでくれるキリストの真実に少しずつ気づいていく。

そして物語の最後で、評定所に出頭する長谷倉に向かって、万感の思いを込めて与蔵が声をかける。「ここからは……あの方がお供なされます。ここからは……あの方が、お仕えなされます」と。この言葉を受けて長谷倉は「たちどまり、ふりかえって大きくうなずいた。そして黒光りするつめたい廊下を、彼の旅の終わりに向かって進んで行った」とある。この最後の場面では、長谷倉のキリストへの深い信頼が響いているように思われる。

イエスは「わたしは世の終わりまで、いつもあなたがたと共にいる」と言われた。イエスは、私たちがどのような状況に陥っても必ず寄り添っておられるのだ。

二〇二二年二月一日

洗足の恵み

ところで、主であり、師であるわたしがあなたがたの足を洗ったのだから、あなたがたも互いに足を洗い合わなければならない。（ヨハネによる福音書一三章一四節）

洗足は古代社会では、身分の低い者の仕事であった。ことにイスラエルでは、奴隷、しかも異邦人の奴隷のする仕事であった。客人が招かれた時には、奴隷は水差しとタオルを持って、彼らの汚れた足を洗って家の中に通した。当時の人はサンダルをはいていたので、足は道路の砂や埃(ほこり)で汚れていた。その足を洗う仕事は誰もがやるのを嫌がった。

イエスは「最後の晩餐」の席上で、弟子たちの足を洗われた。この洗足は、何を私たちに示しているのだろうか。それはイエスが具体的な行動を通して「愛」とは何かを教えられたことではないだろうか。誰もが嫌がる仕事をイエスが進んで行われた。一番弟子のペトロは「主よ、あなたがわたしの足を洗ってくださるのですか（そんなもったいない）」、「わたしの足など、決して洗わないでください（そんな奴隷のする仕事をなさらないでください）」（ヨハネ一三・六、八）と拒否している。

愛媛県砥部町に仏教詩人坂村真民（さかむらしんみん）の「たんぽぽ堂」があるが、その真民に『ペテロの足』という詩がある。

「わたしがペテロを忘れきれないのは　足裏を天に向けて　逆さ吊りを願いながら死んでいった　その心の痛みを知るからだ　主イエスの処に連れて行った　感激の日の足　主イエスを裏切り逃げまわった時の足　フラフラしグラグラした自分を本当の道に立ち帰らせた足　その足を天に捧げて死んでいったペテロの泥まみれの足裏のなんという　尊さよ　重さよ　美しさよ」。

ペトロの生涯は、勇み足と失敗と挫折の連続であった。しかし、ペトロの偉大さは、「彼はいつも勇気を回復し、本来の姿を回復したことである」と言われている。その回復力こそ、イエスの洗足に示された「極みまでの愛」であり、他者を愛せなくなっている人間を、もう一度互いに愛し合えるような状態にまで回復させるのではないだろうか。

これが私たちへのイエスの新しい約束である。時間的な新しさではなく、「質的な新しさ」を意味する。

二〇二二年三月一日

無力の力

三時にイエスは大声で叫ばれた。「エロイ、エロイ、レマ、サバクタニ。」これは、「わが神、わが神、なぜわたしをお見捨てになったのですか」という意味である。
（マルコによる福音書一五章三四節）

十字架上から発せられたイエスの叫びである。息を引き取った瞬間のイエスの言葉は他の福音書にも記されているが、ルカやヨハネの言葉がすべてを神に委ねた美しく、感動的な言葉であるのに比べて、マルコとマタイの言葉はまさに死を直前に神への問いかけ、訴え、叫びであって、この瞬間に神は沈黙して何も答えないように思われる。「神はどこにいるのか」。それはロシアの侵攻に対するウクライナの人たち、世界中の人たちの問いでもあるのではないだろうか。

このイエスの言葉が、詩編二二編の冒頭の一節であることに注目して、この詩編は、主の救いを賛美する言葉で結ばれているので、イエスは十字架上でこの詩編の言葉を口ずさんで、神への賛美を語ろうとされたのだという読み方があると言う人もいる。しかしマルコがここに記した真意は、やはりイエスの苦しみと絶望の深さの表現で、ここでは十字架は「人の子は必ず多くの苦しみを受け、長老、祭司長、律法学者たちから排斥されて殺され」（マルコ八・三一）というイエスの受難予告の言葉に示されているように、人に捨てられ、神にも見捨てられようとしている言葉ではないかと思う。

マルコの描くイエスは、苦しみ、悶え、しかも何もできない無力な神の子の姿である。だからイエスの神に向かっての問いかけ、絶叫であったと読むのが妥当で、記者マルコの意図も、十字架上のイエスの姿をありのままに描き出し、伝えることであったと思われる。このシーンは、その直前に記された何もできない無力なイエスを見限って、「イエスを見捨てて逃げてしまった」弟子たちの姿（マルコ一四・五〇）という一句と合わせて読むときに真に迫るものがある。

「十字架の救いが、安価な恵み」（ボンヘッファー）に陥らないように、十字架を神の苦難、迫害、恥、無力として受けとめることが必要なのではないだろうか。苦しむ者、迫害されている者、差別されている者、見捨てられている者の立場で読むことで、「無力の力」としての十字架の真の意味が見えてくるように思う。

二〇二一年四月一日

病を負い、悲しみを担う

彼が担ったのはわたしたちの病
彼が負ったのはわたしたちの痛みであったのに
わたしたちは思っていた
神の手にかかり、打たれたから
彼は苦しんでいるのだ、と。

（イザヤ書五三章四節）

悲しいからといって涙は頬を伝わらない。悲しみがあふれるとき、涙は涸れてしまう。三月初めに妻が突然、意識を失い倒れた。救急車で病院に着くまでの間、彼女の手を握りしめていたが、力なく私の手の中にあった。検査の結果、重い脳障害であると宣告され、何日か意識が回復しなかったそうだ。面会が叶わず、医師からの報告があったのは、一週間も過ぎてからであった。幸いに意識を取り戻したが、この症状を完治させることはできないと告げられた。今はリハビリ病院で少しずつ歩く訓練をしている。

あの有名な「山上の説教」を終えて、イエスは山を下りて来られた。そこは多くの病と難問に満ちた世界である。そのとき、一人の重い皮膚病の人が「主よ、御心ならば、わたしを清くすることがおできになります」（マタイ八・二）と言った。この人は家族からも誰からも見放されて孤独な生活を送っていた。この人にとっての不幸は、身体的苦痛以上に、周囲の人との交わりを絶たれ、一人で苦痛に耐えなければならない精神的孤独であった。妻も私や娘と面会できず、一人で病と闘わねばならなかった。

イエスはここで重い皮膚病の人に接近し、手を伸ばしてその人に触れ、「よろしい。清くなれ」（同三節）と言われた。この人はイエスの言葉だけでも元気を与えられただろうが、さらに誰も近づこうとしない自分にさわってくださったイエスの行いにどれだけ力づけられただろう。イエスは皮膚病の人には近づいてはならぬというタブーを大胆に破って、病を治そうとされた。

コロナの感染が拡大する中で病人と面会することは認められない。病院で患者は孤独な状態に置かれている。イエスのやり方は、自身で病人に近づき、その病を身に負うことによって、病人の孤独を取り去り、共に病を担ったのである。

「まことに彼はわれわれの病を負い、われわれの悲しみをになった」（イザヤ五三・四、口語訳）という私の好きな聖書の言葉が涙とともに浮かんでくる。

二〇二一年五月一日

力は弱さの中でこそ

わたしたちは知っているのです、苦難は忍耐を、忍耐は練達を、練達は希望を生むということを。

（ローマの信徒への手紙五章三〜四節）

親友から、テレビである人が「神さま、私に試練を与えられましたね。でも、この試練をぶっとばし、乗り越えられますようにと、天に向かって右手をつきあげ、叫んでいます」と言っていたというメールが届いた。このメールを妻に聞かせると「この言葉は凄いですね。本当に力を与えられますね」と言って、右手を何度もあげていた。

パウロが「苦難」から「希望」へと至る道筋を実に印象的に語っている箇所だが、これまでに何度読んだことだろうか。

「忍耐」は、苦しみをただ耐え忍ぶのではなく、それと果敢に闘うあり方を、「練達」とは、熟練と共に、金属を精錬して本物とすることを意味している。パウロは、「苦難」を前にあきらめることなく、そこからさらに「忍耐」「練達」へと進めば、いつか「希望」へと到達できる、と私たちに語りかけている。

パウロは、いくつもの「苦難」を抱えていたという。最も深刻であったのは、身体の病であったそうだ。その病は突然に発症し、深い苦悩へと陥れたという。「とげ」「サタンから送られた使い」と病を捉えたパウロは、必死に祈った。すると主は「わたしの恵みはあなたに十分である。力は弱さの中でこそ十分に発揮されるのだ」（Ⅱコリント一二・九）と応えた。パウロは主の応答を受けて「それゆえ、わたしは弱さ、侮辱、窮乏、迫害、そして行き詰まりの状態にあっても、キリストのために満足しています。なぜなら、わたしは弱いときにこそ強いからです」（同一〇節）と告白するまでに至っている。

宗教改革者マルティン・ルターは「たとえ明日、世界が滅亡しようとも、今日私はリンゴの木を植える」と語ったと伝えられている。リンゴの実とは希望の象徴を表している。いかなる「苦難」に置かれても、世もいのちも終わりを迎えようとも、いつか「希望」という実をつけるであろう働きを担い続ける、このようにルターは自らの信仰的決断を生きたと思わされる。

ウクライナ、ミャンマーなどが「苦難」の中にある現実。「忍耐」「練達」へと進み、いつの日か「希望」へと進むよう祈りたい。

二〇二二年六月一日

贖罪の喜び

心の清い人々は、幸いである、その人たちは神を見る。

（マタイによる福音書五章八節）

私たちは、必ず疲れるときがある。別に季節がこのように鬱陶しくて、空気が重たくなくても疲れるときは疲れる。

そんなとき私はよくお寺に出かけていた。鎌倉に住んでいたときは、近くの龍口寺、極楽寺、長谷寺などを訪れ境内のベンチに腰掛けているだけで疲れがなくなっていく至福のときを大切にしていた。本当は雪ノ下にある日本キリスト教団の教会やカトリック教会といいたいところだが、なぜかお寺に行ってしまっていた。

イエスの「山上の説教」と言われる教えを、少し掘り下げて読んでみる。ここに登場する「心の貧しい人々」、「悲しむ人々」、「柔和な人々」、「義に飢え渇く人々」、「憐れみ深い人々」、「心の清い人々」、「平和を実現する人々」、「義のために迫害される人々」という人々は、仙人のような人ではなく、痛みを負い、涙し、悩み、そして時には身を挺して戦う人の姿である。

その中の「心の清い人々は、幸いである、その人たちは神を見る」について考えてみたい。「清い」とは純粋、ピュアということだが、私たちは生まれたときから清かったわけではない。詩編では「わたしは咎のうちに産み落とされ　母がわたしを身ごもったときもわたしは罪のうちにあったのです」（五一・七）と言い、そしてそれが拭い去られることを願って、「わたしの罪に御顔を向けず　咎をことごとくぬぐってください」（同一一節）と詠っている。

このようにイエスの「山上の説教」は、物事が純化していく、洗練されていく、今の状況が逆転して、その逆転した先にあるものの約束を宣言しているといえる。穀物が脱穀されて、もみがらが取り除かれて、混合物が排除されていく、そういう意味がイエスの「山上の説教」には込められているように思う。

「心の清い」とは、本来、生まれ持ったものではない。厳しい自己訓練によって、自分の中にある自分中心、自己利益優先の心をふるいにかけて、純粋なものを求めていく心、そのような心を持っている人は、今は神を見ることができなくても、必ず神に出会うことができる、というのがイエスの約束の宣言である。

二〇二二年七月一日

渇くことのない水

女は言った。「主よ、渇くことがないように、また、ここにくみに来なくてもいいように、その水をください。」

（ヨハネによる福音書四章一五節）

今年は昨年よりも約三週間も早い梅雨明けとなった。六月というのにうだるような暑さが続き、電力不足で節電が要請された。このまま雨が降らないと水不足は深刻な状況になるだろう。

さて聖書に出てくる井戸の話を読んでいると、『アラビアのロレンス』（一九六二年）という映画を思い出す。ピーター・オトゥールがロレンスに扮し、アラビアの部族長をオマー・シャリフが演ずるスペクタル映画であった。冒頭、ロレンスが道案内人と砂漠の井戸で疲れを休める場面で、その井戸の水を飲もうとした時、銃声が響き、道案内人が銃で撃たれる。銃を撃ったのは部族長で井戸の所有者であった。砂漠では水は貴重な財産で、他人の井戸を勝手に使うことは禁じられていた。そのような厳しい掟があった。

サマリア地方にヤコブの名を冠した有名な井戸があった。ユダヤからガリラヤに向かう途中、サマリアを通らねばならなかった。当時、ユダヤ人は異教の神を信ずるサマリア人を軽蔑し、関わりを持つことを嫌っていた。そのような状況の中でユダヤ人のイエスは疲れを癒そうとヤコブの井戸でサマリアの女性に水を飲むことを求めた。

女性は「ユダヤ人のあなたがサマリアの女のわたしに、どうして水を飲ませてほしいと頼むのですか（昔からユダヤ人はわたしたちと付き合おうとはしなかったではありませんか）」（ヨハネ四・九）と断った。さらに彼女は、「あなたはくむ物をお持ちでないし、井戸は深いのです。どこからその生きた水を手にお入れになるのですか」と反問している（同一一節）。女性の言動に、ユダヤとサマリアの緊張関係を読み取ることができる。

女性の関心は、ユダヤ人によるサマリア人への差別にしかなかった。だが、イエスは「わたしが与える水を飲む者は決して渇かない。わたしが与える水はその人の内で泉となり、永遠の命に至る水がわき出る」（同一四節）と言われた。このイエスの「生ける水」を、彼女は現実生活から解き放たれた言葉として受け取ることができなかった。この女性だけでなく私たちも、イエスの「生ける水」を喉の渇きを潤す水と勘違いしていないか。

二〇二二年八月一日

平和をもたらす主の光

主は国々の争いを裁き、多くの民を戒められる。
彼らは剣を打ち直して鋤とし
槍を打ち直して鎌とする。
国は国に向かって剣を上げず
もはや戦うことを学ばない。
ヤコブの家よ、主の光の中を歩もう。

（イザヤ書二章四～五節）

今、全世界を覆っている一種の狂気。それは権力さえあれば国や国民の命は守られるという妄想に世界の指導者たちがとりつかれていることだ。ウクライナ、ミャンマー、アフガニスタンばかりでなく日本でもアメリカの「核の傘」のもとにいれば安心、安全という妄想にとりつかれている。そして、ついに米国の核兵器を日本に配備して共同運用する「核共有」政策を提案した元首相まで現れてきた。世の中、何やら危うくなってきた。

日本国憲法第九条の「日本国民は、正義と秩序を基調とする国際平和を誠実に希求し、国権の発動たる戦争と、武力による威嚇又は武力の行使は、国際紛争を解決する手段としては、永久にこれを放棄する」を今こそ声高に言うべき時である。

ロシアのプーチン大統領は、核抑止力から核の使用をちらつかせ、世界の国々を挑発している。これは核兵器の威力を前面に出し、いかなる敵であれ核兵器によって殲滅させるという脅迫である。核の脅迫によって自己を正当化するプーチンの主張はヤクザよりもひどい。欧米諸国もウクライナに武器を送り「もっと戦え」と言い、ウクライナ大統領も「もっと武器をくれ」と叫んでいる。なんと野蛮な世界になってしまったのだろう。

莫大な費用を費やして、人を殺したり、建物を破壊する行為がいかに馬鹿げた行為であるかは明らかである。もし、そのような費用を飢えに苦しむ人たちに回すことができれば、どれだけ世界は豊かになるであろうか。誰が考えても答えははっきりしている。

前掲聖句のイザヤの時代は、戦争や紛争が絶えなかった。当時のイザヤが属していたユダ王国は、小国で絶えず大国の侵略を受け、悲惨な状況におかれていた。ユダの国王は、大国アッシリアやエジプトに軍事援助を求めたが、イザヤはそれに強く抗議した。彼は軍事力に頼るのではなく、天地万物を創造した主に頼れと主張した。軍事力に頼るものは、必ずその軍事力で滅びる、と国王を諫めた。

二〇二二年九月一日

信仰を糧とする

悪事を謀る者のことでいら立つな。
不正を行う者をうらやむな。
彼らは草のように瞬く間に枯れる。
青草のようにすぐにしおれる。
主に信頼し、善を行え。
この地に住み着き、信仰を糧とせよ。

（詩編三七編一～三節）

闇の集団はまるでシロアリのように国会議員、地方議員たちを蝕（むしば）んでいた。シロアリは、木材の表皮を残し、内部から材質を喰いつくしていくので外部からなかなか被害を見抜くことができない。政治家たちはシロアリの正体に、見て見ぬふりをしていたのだろうか。彼らは選挙のためにはシロアリに食い潰されてもよいと思っていたのだろうか。シロアリだと気づかなかったと嘯（うそぶ）く輩もいる。こうして長い間、シロアリの駆除もせずにいたために悪事や不正のために財産を奪われ、家庭崩壊が続出していた。

「悪事を謀る者のことでいら立つな」「不正を行う者をうらやむな」とある。正直者をいら立たせるもの、それは悪事を謀って巧妙に世渡りをしている連中である。不正なことをして、人を出し抜いて成功している、そういう連中がいることが、いつも正直者の気持ちをいら立たせる。あの連中はうまく胡麻化して地位や財産を手に入れている。どうしてあのような不正が見逃されてしまうのかと妬みさえ覚える。

しかし、詩人は、そのような悪事を謀る者、不正を行う者のことで「いら立つな」「うらやむな」と諭している。悪事を謀る者、不正を行う者のことで「いら立ったり、うらやんだり」することで自らを貶めてはならないと忠告している。このような不条理な世の中ならば正直者も同じようなことをしてもいいのではないかと誘惑に陥ってしまう。けれども詩人は「彼らは草のように、瞬く間に枯れる。青草のようにすぐにしおれる」と言う。悪事や不正を行う者たちは青草のように枯れて、しおれてしまう、と言う。

これは比喩的な言い方で、彼らの悪事や不正が見破られ、裁かれることはないかもしれない。世の中では彼らは巧妙に人を出し抜いて成功しているかのように見える。しかし、詩人は、彼らの悪事や不正は必ず明らかにされ、罪に問われる、と断言している。悪事や不正が圧倒的な力で支配している世の中であるから、詩人の知恵に学ばねばなるまい。

二〇二二年一〇月一日

ヴェロニカの手

イエスは言われた。「娘よ、あなたの信仰があなたを救った。安心して行きなさい。もうその病気にかからず、元気に暮らしなさい。」（マルコによる福音書五章三四節）

画家ルオーに『ヴェロニカ』とタイトルのついた作品があるが、遠藤周作がその絵にヒントを得て「ヴェロニカ」というエッセイを書いている（『聖書のなかの女性たち』角川書店、一九六〇年、のち講談社文庫、一九七二年）。ヴェロニカという女性は、マルコ五章に登場する一二年間も出血の止まらなかった女性ではないかと言われている。

遠藤は、ゴルゴタに向かうイエスの場面を次のように描いている。

「群衆はその倒れたキリストに向かって罵声を浴びせかけた。悲しいことですが、こういう場合、大衆というものは原始的な残酷な本能に駆られるのです。かつてドイツのナチスがユダヤ人たちの家庭を襲って、無実な人々を引きずっていったときも、群衆はナチのむごたらしい行為に付和雷同した。この日もキリストがあえげばあえぐほど、倒れれば倒れるほど、群衆が暗い凶暴な興奮に駆られたことは、ぼくたちにも容易に想像ができます」。

苦痛に顔をゆがめるイエスに近づいて、泥と唾と血の滴る顔を自分の被っていた布で拭ったのがヴェロニカであった。遠藤は「この恐ろしい雰囲気の中で一人だけ、人間をかばおうとした女がいたことは、ぼくたちをほっとさせずにはいません。ヴェロニカの小さな存在は、社会や群衆がどんなに堕落しても、人間の中にはなお信頼できる優しい人のいることをぼくたちに教えてくれるようです」と続けて書いている。

ヴェロニカと同一人物であるかはわからないが、一二年間病気をしていた女性は「多くの医者にかかって、ひどく苦しめられ、全財産を使い果たして」と記されている。そんな時、女性は通りすがりのイエスの衣に触れた。そばに付き添う弟子たちの監視の目や群衆の怖い目もあった中で、女性は勇気を出してイエスに近づき、衣に触れたのだろう。

その女性が、群衆の嘲笑を浴びながら、弟子たちが逃げ去った後にたった一人で重い十字架をかついでいたイエスに、大胆にも近づいていった。あなたは群衆の一人になるのか、ヴェロニカになるのか。

二〇二二年一一月一日

クリスマスの真の贈り物

彼が刺し貫かれたのは
わたしたちの背きのためであり
彼が打ち砕かれたのは
わたしたちの咎のためであった。
彼の受けた懲らしめによって　わたしたちに平和が与えられ
彼の受けた傷によって、わたしたちはいやされた。

（イザヤ書五三章五節）

人生において最も深い悲しみは、愛するものを奪われることであろう。特に最愛の子を失った親の悲しみ、最愛の伴侶を奪われた悲しみは筆舌に尽くしがたい。

愛する子ども一〇人を奪われ、自分自身も重い皮膚病にかかったヨブは「わたしの生まれた日は消えうせよ。男の子をみごもったことを告げた夜も。その日は闇となれ。神が上から顧みることなく　光もこれを輝かすな。暗黒と死の闇がその日を贖って取り戻すがよい」（ヨブ三・三〜五）と叫んでいる。悲しみのどん底に突き落とされた時、私たちもヨブのように、光を厭い、暗闇を求める。その暗闇の中でも限りない虚しさが、ひたひたと潮のように押し寄せてくる。

無教会の指導者塚本虎二氏は、人生の最大の悲しみは妻の死であったという。関東大震災で塚本氏の夫人は、家の倒壊と共に梁の直撃を頭に受けて即死されたという。塚本氏は「神が無残にも理不尽にも、私から最愛のものをもぎ取りたもうた。私には神がわからなくなった。神は愛ではない。残酷である。没義道であると思った」（塚本虎二『キリスト教十講』一粒社、一九三一年、のち聖書知識文庫、一九六〇年）と述べている。

クリスマスの中心的意味は、神のひとり子が人間になったということである。「見よ、おとめが身ごもって男の子を産む。その名はインマヌエルと呼ばれる」（マタイ一・二三）と記されている。神のひとり子が人間となり、私たちと同じあらゆる悲しみを担うことになったのだ。しかも男の子の誕生は十字架をめざしたものであった。男の子は十字架において人間のあらゆる悲しみと苦しみを担って死んでいった。イザヤが「彼の受けた傷によって、わたしたちはいやされた」と預言するように、私たちの目にどんなに残酷な神に思われようとも、神はひとり子を十字架において死なしめることで私たちへの限りない愛を示された。クリスマスは神が最大の賜物を私たちに与えたことを心に刻む日である。

二〇二二年一二月一日

第三章

講演

一　キリスト教学校教育同盟の一〇〇年とこれから

――岐路にあるキリスト教学校

はじめに

結成一〇〇年の同盟は一つの節目を迎えている。

二〇〇九年の総会で同盟維持財団は解散を決議したが、その後の状況変化により、今年の総会において一般財団法人化に向けて進めていくことを承認した。これまでの同盟の性格がどのように変わっていくのかしっかりと見極めていかねばならない。これからの一〇〇年、同盟の組織の運営が重要な問題であるからだ。

今年の総会会場校であった明治学院の青本健作理事長は、「この二一世紀の初頭、キリスト教教育界が抱える問題は、価値の変化と多様性の大衆社会において、キリスト教教育界自体が内包する問題であります。同盟を構成する学校それぞれが掲げる建学の精神と教育の実態が次第に乖離（かいり）してきていること、これに対する有効な解決を見出していないことであります」と挨拶された。

私は数年前の総会シンポジウムで次のように述べた。

「キリスト教学校といえども現実的な営みでありますから、どのように高尚な理念や建学の精神を掲げても、その時代の教育要求に応えるものがない限り社会の支持を得ることはできないのです。その意味で現在、キリスト教学校が建学の精神を掲げてキリスト教教育を続けることは想像以上に困難なことです。建前と本音の亀裂が広がることによって内部崩壊を起こし、世間では評価の高い学校として存続したとしても、キリスト教学校としての存在理由を失いかねないのです。キリスト教学校としては、理想と現実の狭間に苦しみながらも、理想を見失うことなく、現実のさまざまな問題を避けることなく、正面から取り組んでいかなければなりません。建学の精神を金科玉条のように守っていけばよいというのではなく、今日の時代におけるキリスト教学校の先導的な役割を具体的に提示していくことです」。

しかし、あれから六年ほどが経ったが、結局今日の時代におけるキリスト教学校の先導的な役割を具体的に提示できなかったように思っている。

最近、同盟を脱退する学校法人が七校ほど出てきたが、これは同盟が共有すべき危機であると思っている。脱退の主たる理由は、法人の経営困難のために出資金や参加費などの負担ができなくなったことにある。さらに同盟主催の研修会・委員会などに参加する人数の出張費の出費がでないとか、校務多忙により出席が難しくなったなど経営面での理由である。

以上のことからも、これからの同盟及び各キリスト教学校がどのような方向に向かっていくのかが見え難い状況にある。そのような状況にあればあるほど、時の流れに押し流されることなく、歴史の過去を顧み、現在地を確かめ、行くべき方向を見定めること、すなわち「時代を読む」ことが必要とされている。過去をみつめることにより、今何をなすべきか、そこにキリスト教学校としての反省と希望を持ちつつ、今後の方向を考えることができればと願っている。

(一) ミッション・スクールブームに酔いしれたキリスト教学校

教育をめぐる問題は、今日私たちの直面する深刻な課題となっている。今日ほど「教育」「教育」と叫ばれながら、「教育」に苦しんでいる現実を見せつけられる時代はないように思う。

生産性の能率化、効率化による産業社会に似せて「経営が第一とされる学校」教育は、経済発展に大きな役割を果たしてきた。しかし、「経済大国」になるために「教育工場」で作り出された人づくり政策を支えた日本の学校教育は、あまりにも大きな犠牲を払ってきた。産業社会の価値観の反映として、学校は偏差値によって優劣が決められ、教職員は徹底的に管理され、子どもたちは知識の詰め込みに追いやられている教育が、今日の学校教育の実態である。まさに「教育公害」とも言うべき深刻な事態を招いてしまった。

　このような「教育公害」の結果、学校現場では、教育者は意欲と情熱を失い、生徒はさまざまな病理現象を抱えてしまった。家庭や学校内外の暴力、いじめ、万引き、登校拒否など毎日のように暗いニュースが伝えられている。

　かつてキリスト教学校は、ミッション・スクールとしてそれぞれの地域社会で高い評価を得、地域の人々に信頼されてきた。宗教としてのキリスト教はそれほど支持された存在とは言えない状態であったが、学校教育の分野では、学費が高いにもかかわらず地域社会に受け入れられ、その地方の名門校として注目されてきた。

　教育社会学者である佐藤八寿子氏の『ミッション・スクール　あこがれの園』（中公新書、二〇〇六年）には次のような文章がある。

「日本におけるミッション・スクールは、『西洋近代』のイメージを担いつつ、『近代ナショナリズム』との激しい対立をも経験してきた。しかし中国のように近代化の過程で国内からそれが一掃されることはなかった。一方、宗教としてのキリスト教について見るならば日本のキリスト教信者の数は、たとえば隣国韓国と比べても圧倒的少数である。これらのことからも、日本のキリスト教は宗教としてよりはむしろ教育において際立った機能を果たしていることがわかる」。

現在、多くのキリスト教学校が何故危機的な状況に置かれてしまったのか、特に生徒募集で困難を極めているのか、時代的な要因もあると思うが、本質に立ち返って考えてみる必要がある。

あえて言えば、時代はどんどん移り変わっていったにもかかわらず、敗戦後から長らく続いたミッション・スクールブームにどっぷり浸かって適切な対応をとらず、ひたすら現状に胡坐（あぐら）をかいてきたところにあると思われてならない。新しい視点に立つキリスト教学校の教育理念（スピリット）を明らかにしてこなかったからであろう。それどころかキリスト教学校も背に腹はかえられず産業界からの人づくり政策の一端を担い、「教育公害」に加担してきたと言えよう。

一九八六年、当時の競争原理、偏差値教育の激化に対応してキリスト教学校として教育理念を正しく見直そうとする動きがあり、教師養成事業委員会が座談会を行っている。その座談会の中で齋藤正彦氏（当時、女子学院院長）は「日本の教育を支配しているのは、競争原理、受験体制で、これがやはり決定的なことで、問題は、このような現状から大胆におりる決断ができるかどうかということです」と述べておられた。

また、熊沢義宣氏（当時、東京神学大学教授）は「キリスト教教育の中には、いわば誰も問題にしなかったような、はずれたようなものを拾ってものにしてきたものがあるわけで、それが日本の文教政策の中でやっと市民権を得たわけです。その点では安定し、保障された体制の中に入っているわけですけれど、それだけに今度は、はみだす勇気がなくなってきたのではないでしょうか。これはキリスト教学校教育としては、やらなければならない部分ですね。それは文部省の御墨付きがなくても、また人気がなくても、これはやらなくてはならないといったものが、少し稀薄になってきているんではないでしょうか」と述べておられた。

このように一部の見識ある指導者は、近い将来キリスト教学校が深刻な事態を迎えるであろうことを予測していた。しかし、各校はもとより同盟として危機感を共有してこなかった。まず「教育公害」の元凶は何だったのかしっかりと認識することが大切である。

(二) 教育改革に翻弄された学校現場——失われた三〇年

一九八〇年代以降、「第三の教育改革」と言われる改革が、日本を含む多くの先進諸国で進められてきた。この改革は、欧米先進諸国では、学力向上を目的に掲げたカリキュラムや教育実践の改革とアカウンタビリティと適正化・効率化を掲げた教育行政・学校経営の改革をフロンティアとして進められてきた。日本でも基本的にほぼ同じような改革が進められてきたと言えよう。この時期、多くの欧米先進諸国が学力向上を目的にして教育改革を進めてきたのは、グローバル化する世界経済の進展に対応するためにも教育の質の向上と優れた人材の育成が必要とされたからである。

そのような先進諸国の教育改革の中で、日本では、一九六〇年代後半以降、激化する受験競争と過剰な受験準備教育や画一的教育・知識詰め込み教育とその弊害が問題視されるようになり、一九八〇年以降、「ゆとりと充実」をスローガンに掲げた一九七七年改訂の学習指導要領が実施されることになった。この「ゆとり教育」改革は、その課題意識と目的に照らして合理的かつ妥当なものであったと言える。

しかし、二〇〇二年の完全学校五日制とそれに合わせて実施された学習指導要領に対して、大学関係者から学生の「学力低下」問題がかまびすしく議論され、その反動として「ゆとり教育」の見直しと「学力重視」路線への方向転換が進められることになった。

この軌道修正は、皮肉なことに本来なら一九八〇年から始まった「ゆとり教育」改革の総仕上げとなるはずの完全学校五日制実施の二〇〇二年から進められることになった。二〇〇二年一月「確かな学力の向上のための二〇〇二アピール『学びのすすめ』」が文部科学大臣から公表され、さらに二〇〇三年には実施されたばかりの学習指導要領が一部改正され、指導要領の範囲を超えた内容の指導や発展的学習と補充的学習の実施を奨励することになった。

その後、二〇〇七年から全国学力テストが実施され、さらに二〇〇八年改訂の学習指導要領では、学習の内容と時間を大幅に増やし、加えて夏休みや春休みなどの長期休暇中その他でも学習時間の確保と補充的学習の実施を努力義務化ないし奨励するようになった。こうした改革や施策が進められる中で、とりわけ全国学力テストの実施により、テスト学力主義ともいえる傾向と同テストの成績や進学実績を競い合う成果主義が学校現場だけでなく保護者や教育行政にも広がり始め、そして、一部の自治体では首長や議会などが教育行政に過剰介入し、同テストの学校別の公表や同テストの成績向上の養成・指示などを通じて、同テストの成績の競い合いなど成果主義的な競争に拍車をかけることになった。その結果、一九八〇年から始まった「ゆとり教育」改革の目的が忘れ去られ、以前にもまして学校間の競争が激しくなり、過剰な受験教育、進学実績を競い合うようになった。

その結果、小中学校における習熟度別指導の拡大、エリート的な公立中高一貫校、進学重点高校の増設、学校選択制の導入となり、学校教育の差別化が起こり、進学競争・受験競争の低年齢化が進んでしまったと言える。

その一方、二〇〇六年の「教育基本法」改訂や二〇〇七年の教育三法（「学校教育法」「地方教育行政法」「教員免許法」）の改訂は、地方自治体における教育行政への不当かつ不適切な介入を認めてしまった。戦後六〇年にわたって築き上げてきた「日本国憲法」や「教育基本法」に立脚した民主主義と教育の基本的な理念が踏みにじられるような不当で過剰な管理主義や成果主義が学校現場にまかり通るようになった。今、日本の教育は重大な岐路に立っていると言えよう。

教育は、完成することのない「未完のプロジェクト」である。制度や仕組みを変えたからといって、それで充実するものではない。教職員を中心に、絶えず工夫・努力を積み重ね、その向上に向けていくことである。

その意味でも、教育の担い手である教職員が使命感と誇りを持って、信頼し合い連帯・協働しつつ取り組んでいかねばならない。そのような環境整備や条件づくりを進めることこそ文部科学省や教育行政の責務であるはずである。

㈢　キリスト教学校は教育改革にいかに対応したのか——同盟百年史から

「第三の教育改革」の中で、キリスト教学校も無関係であることはできなかったが、キリスト教に基づく教育を原点とし、キリスト教学校でなければできない教育を進めてきたであろうか。『キリスト教学校教育同盟百年史』（教文館、二〇一二年。以降『同盟百年史』）から見ていきたいと思う。

教研が掲げたテーマは、ほぼ二年間継続して、夏期研究集会や小・中高・大学の各集会、そして地区協議会などで取り上げられ議論されてきた。

一九八〇・一九八一年「現実を理想につなぐもの」
一九八二・一九八三年「私学の独自性——キリスト教学校の立場から」
一九八四年「これからの私学——転換期に立つキリスト教学校」
一九八五年「建学の精神の活性化——転換期に立つ教育現実の中で」
一九八六年「内からの教育改革」
一九八七年「ふたたび内からの教育改革」
一九八八・一九八九年「キリスト教学校教師に問われているもの」
一九九〇・一九九一年「キリスト教学校——変わるもの・変わらないもの」

一九九二・一九九三年「キリスト教学校の教育――われわれはどこに立つのか」
一九九四・一九九五年「キリスト教学校――われわれは何をめざすか」

そして「これらのテーマに掲げられている『理想』『独自性』『建学の精神』『内からの』『教師に問われているもの』等の言葉は、文部省の提示する学習指導要領に対してキリスト教学校の独自性を強調する言葉であったとはいえ、精神的、内面的問題提起に留まっており、学校教育の高度化・大衆化の流れのなかで、本来組織的に対応すべき教育同盟の諸活動が教育現場に対してどこまで有効性を発揮しうるかという課題を抱えていた」(『同盟百年史』二六一頁)と記述している。

このような「教育荒廃」とも呼べる状況であるからこそ、キリスト教学校の教育の意義は重要になっていたはずである。

先述した教師養成事業委員会の「これからのキリスト教学校」という座談会の中で熊沢義宣氏が、競争原理・受験体制が支配的になっている教育現場に「キリスト教学校でなければならない原理があるのだろうか、それはこのような現実でもなお、生きているものであろうか。もしも、そうでないとするならば、それにもかかわらず、キリスト教と名づけられるものはなぜだろうか、もう少し知りたいと思います」と述べられ、さらに「学校全体が別の原理によって活動をしているところがあります。そのことが、よい学校、という評価と結びついてきます。そうするとこの世の期待に、なんとかあわせていかねばならない努力がありますが、キリスト教学校として真にあわせていかねばならないことが、時代の一般的評価にあわせることに流されてしまって、結局中心的であったはずのものが、だんだん周辺化されてしまい、結局名目的になっているようであれば、これはやはり危機的なものになるのではないか、という感じがします」と指摘しておられた。

それに対して齋藤正彦氏は「日本の教育を支配しているのは、競争原理・受験体制で、これがやはり決定的なことで、問題は、このような現状から大胆におりる決断ができるかどうかということです。（中略）そこをおりるという決断を、どうしてもしなければならない時がくるのではないか、と思うのですけれど、現実にはキリスト教が建前だけになってしまっているのではないでしょうか」と答えておられた。

少子化による生徒募集の困難は一九八〇年代にすでに予想され、教育同盟でも話題として取り上げられてはいたが、適切な対応がなされず、ひたすら拡張がはかられてきたのが現実である。

「この深刻な状況を受けてキリスト教学校の相互協力による自主的な動きが顕著に

なるのは二〇〇〇年以降である。二〇〇〇年八月二五—二七日、東京都内の一七中高校が共同して銀座教会東京福音会センターにおいて『キリスト教学校フェア』（第一回）が開催された。（中略）この反響を受けて、二〇〇一年五月二六日、神奈川県下の同盟加盟校（小・中・高）が「二一世紀に発信します——キリスト教学校発祥の地から再び」という名称のもと、西公会堂にて神奈川県下キリスト教学校展を開催した。これらの行事は年々工夫を重ねながら継続されている。しかしこれらは、私立受験志向が強く、キリスト教学校数も多い強い〔ママ〕首都圏の（初）中等教育機関だからこそ実現できたものと言える」（二八五頁）。

さらに『同盟百年史』は次のように述べている。

『『キリスト教学校教育』第五七八号（二〇〇四年一一月）は、加盟校学生・生徒・児童数が七年間で四〇〇〇人強減少しており（二〇〇四年五月一日現在三四万三五八一名）、特徴として短期大学が校数、学生数とも半数以上減少したこと、中高の地方女子校の生徒数の減少が著しいこと、地方においては中学の生徒数が極めて少なく、多くは高校からの入学であることを報告している。実際、地方は大都市圏からは想像もつかないような、深刻な危機に曝されている」（二八五―二八六頁）。

そして「未来に向けての五つの提言」として、「キリスト教学校教育の理念の明確化と一致」「エキュメニズムによる発展」「キリスト教による人間教育の推進」「キリスト教学校教育の担い手の育成」「組織改革の必要性」を挙げている（三六八―三七二頁）。

五つともそれぞれに喫緊の課題であると思われるが、最近、同盟を脱退する学校法人が七校ほど出てきたこと、生徒志願者の急減で存立が危ぶまれている地方の学校があることに注視し、情報を共有していくことが同盟の急務の課題ではないだろうか。危機的な状況にある学校に対して何ができるのか知恵を出し合っていかねばならない。

㈣　危機的状況を共有するために――新しい連帯をしよう

二〇〇七年の第九五回同盟総会は、「キリスト教学校の将来に向けて――キリスト教学校の担い手をどのように育成するか」というテーマでシンポジウムを行った。発題者の私は、全国の中高の現状（特に都市と地方の格差）の打開策や、全国の教育同盟加盟校の危機の中で私たちができること（学校間の協力など）に対して、次のような提言を行った。

「第一に、地方と都市の格差を、また二極化を同盟としてどのように考えていくのか。それぞれの学校の経営努力に任せて知らんぷりしてよいのか。現在何とか生徒を確保している学校もいずれ直面することになるのではないか。困難を極めている学校を、同盟理事会がプロジェクトを組むなりして支援することはできないのだろうか。強力な支援体制を理事会はとるべきだと言いたい。

第二に、誤解を恐れずに言えば地方に存在するキリスト教学校は、その土地・地域におけるブランド商品に該当するだろう。しかし、変化してきた社会の中で保護者の持つ願い、社会的要請という外側から押し寄せる現実とのはざまで学校の創立の精神、歴史の中で培い続けてきた伝統が揺らいでいる。キリスト教学校は存続の可能性を世俗的に探るよりも、自分たちのこの国における使命に目覚めることが生き延びる方策ではないか。つまり、日本人に根づくための努力、地方ならばそれぞれの特色ある土地にキリスト教教育がどう受け入れられるのかという検討が必要である。キリスト教教育のローカル化を同盟全体で考えて試案を出してみてはどうか。

第三に、ようやく誕生した教職員後継者養成のプロジェクトを活力あらしめるには同盟理事会の強い指導力が求められる。長い間キリスト教学校は日本の教育の先導的な役割と使命を果たしてきた。それはキリスト教学校で学んだ召命感に燃えた教師たちがキリスト教教育を支えたことにある。人間的な魅力や専門的分野に力量のある教師が多く存在していた。しかもかつては教師という職業が満たされれば待遇は二の次である、といった精神的な満足感を持った教師が多かった。しかし今や学校教育や教師という職業そのものに魅力がなくなってしまった。教育は教師の資質が重要である。キリスト教の精神を身につけた上で人間的に魅力があり、専門的な力量を備えた教師の養成が急務である。そのために中高時代に資質ある人間をいかにキリスト教教育に向けていけるか同盟で協力して考えていきたい」。

その後、第三の教職員後継者養成プロジェクトは理事会や教研の指導の下、多くの関係者の努力と工夫によって少しずつ成果が出てきているように思われるが、第一と第二の課題については全くといってよいほど何の施策も考えられてこなかったように思う。

キリスト教もキリスト教教育も人から人へ伝えられる業である。生徒はキリスト者であるから引きつけられていくのではない。人間的な魅力を持っている人だから引きつけられ、その人がキリスト者であったために、キリスト教に引きつけられていくのだと思う。それは昔も今も変わらない。人間的魅力を持ったキリスト者がいなくなっていることがキリスト教学校を沈滞させてしまったと言えるのではないだろうか。

二〇一〇年の第五二回学校代表者協議会は「今、キリスト教学校に問われること」というテーマでパネルディスカッションが行われた。パネラーであった高木総平氏（松山東雲女子大学教授）は次のように述べておられる。

「大規模校に比べ様々な点で小回りが利くと自負していますが、生徒、学生減で厳しいものがあります。危機にあるといっても過言ではありません。（中略）建学の精神と現実のバランスをどうとるか、検証していくことが絶えず問われていると思っています。（中略）そこで本学のように危機にある学園の立場から、同盟における連帯を考え、そこで可能な実際的なことを提言してみることにします。そもそも各校において、同盟関係の総会、研修会に出るのは管理職や宗教主事（チャプレン）や委員、そして東山荘の研修会参加者などで、多くの教職員に同盟は意識されていないのではないでしょうか。もっと各校、特に都会の大規模校の教職員の皆さんには同盟各校、特に地方の学校を意識していただきたいものです。また経営危機にある学園で、その対処のプロセスにおいて、同盟を念頭におくことはほとんどないでしょう。制度上も同盟のあり様においても危機にある学園を経済的にサポートすることは不可能でしょう」。

また、嶋田順好氏（青山学院大学教授）はこのように述べられた。

「経営環境の厳しさに呻吟するキリスト教学校が、『建学の精神』に立ち返る方向でその問題を解決するのか、それとも『建学の精神』を空しくする方向で解決するのかという根源的な課題となって迫ってくる。それだけに今の教育同盟になによりも必要なことは、『学校代表者協議会』の実質化、トップセミナーの充実ということである。学校法人を代表する理事長、院長、学長、校長、事務局長が、率直に、徹底的に、それぞれの課題を吐露し、共有し、建学の精神に則って厳しい時代を乗り切るための、信頼と協働のネットワークを構築していくことが求められている」。

二〇一二年一月五日、教研中央委員会は二〇一二・二〇一三年度の教研テーマについて討議を重ね、「共に生き共に歩もう――新しい連帯をめざして」を決定した。その解題を私は『キリスト教学校教育』三月号に執筆した。

「少子高齢化・格差社会など『弱さ』を抱えた時代に突入して久しい中で、同盟はこの『弱さ』を抱えた学校とその『弱さ』を乗り越えるため具体的な連帯の取り組みを本気で考えてきたのだろうか。この『弱さ』の克服のためには、同盟はかつてないドラスティックな変革をせねばならない時を迎えているのではないか。もちろん、伝統校や大規模校を問わず何らかの『弱さ』を抱えているだろう。まさに同盟各校が多様な『弱さ』に曝されていると言ってよいだろうが、その『弱さ』をもろに受けている地方の小さな学校の状況に対して仕方がないと切歯扼腕しているだけでよいのであろうか、と考え込んでしまう。同盟各校はそれぞれの地域にイエス・キリストの福音を宣教するために設立され、その地域の中でそれなりの評価を得て使命と役割を果たしてきた。しかし、いつしかキリスト教学校が市場原理に流され、地域の中で共に生き共に歩む姿勢を見失ってしまったのではないだろうか。各校が独自の活力あるキリスト教教育を地域社会に大胆に発信していくことを求められている。そのために地域の教会との新しい連携を深めていく必要がある。相当の年月、キリスト教学校と教会とは相互に相手をしっかりと視野の中に入れようとはしなかった。キリスト教学校がたくましく成長していくならば、当然教会も発展するはずである。同時に教会が活力に満ちてこそ、キリスト教学校も発展するといわねばならない」。

二〇一二年二月二三日、都内キリスト教学校懇談会で私はこう述べた。

「現在、同盟としてドラスティックな改革が喫緊の課題であると思っている。それは各校が入試や教職員の採用などライバルとして競合していく場面から、『共に生き共に歩む――新しい連帯』へと変わっていくことである。大雑把に言わせてもらえば、高偏差値で安定している一・二校を除けば受験生の流動が激しい。従って、たとえば入試の期日やあり方について同盟内で研究し、生徒を奪い合う現状を何とか打開していくことはできないか、あるいは、同盟で教職員の採用を行い、教職員の異動、地方へ希望する教職員を優遇することはできないか、また、各学校の役割分担、特別な役割を持った学校としてアピールすることで同盟加盟校の全体像を示すことなどをめざしていかなければ、あと数年で地方の学校などは存立しえなくなるだろう。都市の学校でも、よい教育内容を持っているのに大変苦戦を強いられている学校もある。学習塾の偏差値次第になっているからである。大胆な提案であるが、いかに生き残るかという方法論に留まらず、また各校が競争し合って生徒の奪い合いをするのでなく切実な重要問題として討議していけたらと思っている」。

みなさんもご承知の通り、「文部省訓令第一二号」に対して当時のキリスト教学校の指導者は、互いに連帯するために同盟を結成した。同盟発足時の規約には「本会の目的は必要の場合には共同の行動を執るにあり」と定められ、強い連帯で結ばれていた。その後、さまざまな困難に直面してきたが、その都度加盟校として連帯し、何とか相互に助け合ってきた。しかし、先に述べたように教育改革に翻弄されている間に少子化などキリスト教学校を取り巻く環境の厳しさの中で次第に同盟の連帯は稀薄となり、コンセンサスを得ることさえ難しい状況になってきている。

各法人、各学校はそれぞれに自主独立性があるので、その自主独立性を尊重しながら、その上で連帯をしていくことは現実には容易なことではない。さまざまな問題について個別に取り組む以外にないように思う。各学校が自助努力すべきことと同盟として援助（共助）できることを個別に考えていくことだと思っている。また、教育基本法や「日の丸・君が代」「こころのノート」などキリスト教学校の存立を脅かす問題について何らかの協力をしていく必要があるように思っている。

人間の組織は常に存在の意味が問われ続けている。一国の政府、政党、大企業、あるいは一〇〇年を超える歴史を誇る老舗であっても組織が自らの存在の意味を疎かにすれば存在の基盤を失い、やがて衰退していかざるを得ない。キリスト教学校教育同盟も例外ではない。

同盟の枠組みの中の仲間として何とかできないかという声をどう受け止めていくかが問われている。それぞれの学校の苦悩が痛いほどわかるが故に、同盟はどうあるべきか大きな岐路に立たされているると言えよう。

（二〇一二年一〇月一日　キリスト教学校教育同盟全国中高研究集会）

二　キリスト教教育が直面してきた課題

日本のキリスト者は人口の一％にもならない数である。ところがプロテスタント系の学校が所属しているキリスト教学校教育同盟の加盟数は、法人一〇三、学校三一七となっている（二〇一六年五月現在）。日本カトリック学校連合会の加盟数は、法人二二三、学校三〇四となっている。両方の学校で学んでいる児童・生徒・学生は約五〇万人にもなる。当然そこでは聖書が読まれ、語られ、礼拝が行われている。そして、その背後には保護者がおられる。毎年、大変な数の人たちに向かって聖書の言葉が伝えられている。

一方、教会は牧師や信徒の高齢化が進み、教勢が低迷し、若者の出席が少なくなっている。教会の活性化のカギを握っているのがキリスト教学校であるが、そのキリスト教学校が建学の理念を掲げてキリスト教教育を続けることが困難になってきている。

一、はじめに

一〇年ほど前に都立高校の教頭をしていた教え子から次のような手紙をもらい、衝撃を受けたことがある。

「私は二〇〇四年に退職しました。前年二〇〇三年には国旗・国歌の強制が一挙に進んだ年です。一〇月二三日に『入学式、卒業式等における国旗掲揚及び国歌斉唱の実施について』という通達が学校にあり、『国旗』については、具体的で詳細な『式典会場および屋外の掲揚場所と掲揚時間』が、『国歌』に関しては、『教職員は会場の指定された席で国旗に向かって起立し、国歌を斉唱する』と示されていました。このような動きの中で私は退職し、嘱託員として勤務しようと決めました。東京都には再雇用制度があり、嘱託員として五年間勤務できる制度があります。都庁での面接試験を受けました。幾つかの質問のあとで、『国旗・国歌』についてどう思うか、と尋ねられました。私は前年秋の出来事を話しました。本校の生徒が東京都主催のコンクールに入賞し、その授賞式で『国歌斉唱』がありました。ご両親と私は、着席するタイミングを失い、顔を見合わせ、黙ったまま、斉唱が終わるのを待っていました。ご両親と私はキリスト者でした。事前に『国歌斉唱』があることを説明しなかった非礼をご両親にお詫びしました。『国歌斉唱』が終わるまでの時間は、私にとって苦痛でしたが、ご両親の心中を思うと本当に申し訳ないことをしたと思いました。面接官にこの話をし、『多様な生徒・保護者に対して、充分な配慮をしてほしい』と伝えました。すると、面接官は気色ばんだ様子で、『もし、あなたの学校の保護者が全員キリスト教徒だったら、どうするんですか』と激しい口調で言われました。『生徒・保護者の思想・信条が護られるよう学校は配慮すべきです』と応えると、さらに厳しい口調で『あなたはどうするんですか』と畳みかけられました。『キリスト教徒という特定の信者を名指しし、仮定の質問をするのか』と強い違和感、不快感を覚えました。（中略）私は関東学院中学高校で学びましたが、学校で『君が代』を歌った経験がありません。教員になってからも『君が代』斉唱を強制されることなく過ごしてきました。でも、ただ一度、教員生活最後の卒業式に歌わなかったにせよ、『起立した自分』に苦い思いを今も感じています。戦前も、日本はこんなふうに全体主義へ傾斜していったのだろうと、思います」。

この事例を考えただけでも現在、学校において「良心の自由」「思想の自由」はすでに脅かされていることがわかる。今、国民主権と平和主義に基づく日本国憲法が改憲されようとしている。

野田正彰氏は『戦争と罪責』（岩波書店、一九九八年）の中で、「『国家が罪悪を犯す場合には、教会はその苦痛を一層おほく味ふことによって国家的正義の恢復に奉仕する』というレトリックは、戦時体制下、いかに死を意味付けるかに直面していた青年には、魅力的な言葉でもあった。熊野教授は神学生に言った。『君たち、こんな時代に戦争に反対し、右翼に歯向かうのは、狂犬に向かって突き進んでいくようなものだ。噛みつかれたら終わりです。こんな時には、神学を静かにやっていればいいのです』、だが、神学生には勉強は許されていなかった。熊野教授は神学の洋書を読んでいられたが、学生たちは卒業と同時に戦争が待っていた」と述べておられた。

臨時国会で再開される見通しの憲法審査会での議論を前に、自民党の改憲草案について、起草者の気持ちになりきって解説した『あたらしい憲法草案のはなし』（太郎次郎社エディタス、二〇一六年）が出された。戦後、文部省が発行した『あたらしい憲法のはなし』のパロディー版である。七一年も経過し、アメリカから押しつけられた憲法は改憲すべきだと何となく思っている人たちに、改憲を考えている人たちが何を考えているのか知ってほしいという狙いで出版したようである。「信教の自由」と「政教分離」を定めている二〇条の改憲草案では、国や公共団体の宗教教育・宗教的活動を禁止する条文に、「ただし、社会的儀礼又は習俗的行為の範囲を超えないものについては、この限りではない」を付け加えている。再び靖国神社が国営化されることも想定されている。

二、歴史の教訓を生かせなかったキリスト教教育

戦後教育は、過去の国家主義教育を清算し、『教育基本法』に基づく民主教育として出発した。これは、日本の教育にとって画期的な大変革であった。しかし、六・三制教育など主に制度面でアメリカの教育をモデルとし、制度面の根底にある民主主義を内側から充たす文化や価値が明確でないまま、民主主義を教える結果となったといえよう。

戦前の教育が、『教育勅語』に基づく一つの価値観を絶対的なものとして学校に教育に押しつけていたために、戦後は、その反動として宗教については何も教えてはならないとされてしまった。その結果、子どもたちが宗教教育を受けることができず、宗教的に幼稚で適切な判断や批判ができず、たとえばカルト教団に対して無知、無防備となってしまったり、自己を絶対化して、他の人を尊ぶ気持ちが生まれてこなくなった。本来、民主主義は異なる価値を認め、共生していくことを育てるはずであるにもかかわらず、現実には、子どもたちの間に混乱した倫理観や価値観を与えてしまった。

しかも、民主主義教育は、朝鮮戦争の特需による日本経済の復興を契機に好景気が続き、高度経済成長期へとつながっていくに従って、経済発展を支える技術革新に対応する人材が求められるようになっていった。そのような状況の中でキリスト教学校は時代の追い風を受けて急速に拡大の一途をたどることに必死となり、いつの間にか国の教育政策に

呑み込まれて建学の理念が忘れ去られる危機に立たされていた。

否むしろ、キリスト教学校はそのことに気づきながら国の教育政策に取り込まれていった気がする。また、歴史から学ぶことをしなかった。そして、戦前の個人の自由よりも天皇への忠誠を優先させた『教育勅語』に代わって制定された『教育基本法』(一九四七年)が改訂されようとした時、多くのキリスト教学校は抵抗できぬうちに『改訂教育基本法』を受け入れてしまった。キリスト教学校の寄付行為には「教育基本法及び学校教育法に従い」と記されているが、戦争という大きな犠牲を払って獲得した『教育基本法』をきちんと読み、その理念をしっかり理解し、その具現化するための努力を怠ってしまった。

『教育基本法』や『憲法』は空気のようなものである。空気は人間が生きていく上でなくてはならないものであるが、空気があるということは普段あまり自覚していない。しかし、仮に空気の中に臭いのしない毒物が少しずつ紛れ込んできたとしたらどうだろうか。ある時、ふと気づいてみたら体が蝕(むしば)まれていたら、その原因を追求してみるだろう。そして、何気なくありがたいと思っていた空気の中に毒物が混じっていたと気づく。『教育基本法』とは、そういうものではないだろうか。そして、『改訂教育基本法』に毒があるとするならば、学校教育に悪い徴候が現れてくるだろう。今考えておかなければ一〇年後、二〇年後、振り返ってみて、あの改訂された『教育基本法』が毒を発していたらと気づいても、時すでに遅い。

そこで『改訂教育基本法』の下で何が起こってくるのか考えてみなければならない。『教育基本法』は前文と一一条からなり、「教育法」の憲法と言われ、前文のある法律としても珍しく、その前文で「教育の目的を明示して、新しい日本の教育の基本を確立し」と述べ、「民主的で、文化的な国家の建設と世界の平和と人類の福祉に貢献する」と憲法に掲げた理想と決意を実現させるのは教育の力によると述べている。

第九条は「宗教教育」で「宗教に対する寛容の態度」を養うことと、「公教育における宗教教育の禁止」を述べている。憲法二〇条は、政教分離の原則を規定していて、その教育面での規定が、この九条である。大日本帝国憲法でも信教の自由は「安寧の秩序を妨げず、臣民たるの義務に背かざる限りにおいて」保障されていた。しかし、結局は「国家神道は宗教ではない。国民道徳である」とされ、宮城遥拝や神社参拝が強要された。この意味で「公教育の宗教教育の禁止」は国民の「内心の自由」にとって極めて重要な規定である。

第二条の「教育の方針」では、教育の機会均等を主張し、学問の自由を尊重し、自発的精神の育成を述べていたが、『改訂教育基本法』第二条では、学問の自由を尊重しつつ、次に掲げる目標を達成するように行わなければならないと規定した。その内容は小中高の「学習指導要領」の道徳に記載されているものである。ほとんどの事項が「学習指導要領」の道徳と対応している。『教育基本法』では、知識・技術・健康（体力）・美的能力・道徳性等を養いという理解の仕方である。しかし、『改訂教育基本法』では、知識・技術・健康（体力）・美的能力等を養うことは道徳性を養うという目標のもとに置かれ拘束されることになった。道徳が法と結びつくとどういうことが起きてくるだろうか。偽善ということが生まれかねないと思う。たとえば、お年寄りが電車に乗ってきた時に席を譲るという問題が出される。ある人は積極的に席を立つ、だが自分が疲れているので席を立たないという人もいる。ところが、法律でお年寄りに席を譲らないと罰せられるとなると、すべての人が席を立つだろう。そこには法律で罰せられるからという理屈がある。近代国家は政治的なもの、法律的なものから宗教や道徳を極力排除してきた歴史がある。そのような近代国家のあり方とくい違う考え方には抵抗していく必要がある。まさに『改訂教育基本法』第二条は、道徳と法律が結びついたものである。

この第二条の文言一つひとつは決して間違ったものではないだろう。問題は、これを法律によって義務化したことである。この問題は、「内心の自由」（思想・信条・信仰など）を法律により義務化していく動きに加速させていくことになる。特に話題となった「愛国心」（第二条五）について「態度を養う」とあるが、二〇〇六年五月二四日の衆議院教育に関する基本法特別委員会において、小坂文部科学大臣は、「態度と心は一体で養われる」と答弁している。「あなたは愛国心がありますか」と言われて「あります」と答えるだけならば何の問題もない。しかし、「それを態度で示してください」と言われたら途方にくれるかも知れない。「それは国旗に向かって敬礼することです」と言われたら、「それはちょっと待ってよ」と言わざるを得ない。『改訂教育基本法』では、「国を愛する態度を示さなければいけない」と決められてしまった。

教育の目標は「教育は、不当な支配に服することなく、国民全体に対し直接に責任を負って行われるべきものである」と規定した『教育基本法』一〇条一項は、教育内容に対する国家及び行政機関の干渉を極力排除するために制定されたものである。この条文が『改訂教育基本法』では、「この法律及び他の法律の定めるところにより行われる」と改められた。これまで教育行政の現場への介入は認められなかったが、この改訂により文部科学省や教育委員会が教育現場へ指導や助言を容易に行うことができるようになった。

二〇〇七年三月二九日、自民党・公明党は、教育関連法案を了承し、五月一七日の衆議院特別委員会で可決させた。その中の「地方教育行政法」で私立学校に対する教育委員会の助言・援助が可能となった。これにより私立学校の独自性や自主性が脅かされるようになった。

学校教育における戦後の大きな転換点は、一九八九（平成元）年であり、その底流にあるのは「新しい国家主義」への動きで、その年の学習指導要領改訂で「学校の入学式や卒業式などにおいては、その意義を踏まえ、国旗を掲揚するとともに、国歌を斉唱するよう指導するものとする」と改められた。一九八九年の学習指導要領までは「学校の入学式や卒業式などにおいては、その意義を踏まえ、国旗を掲揚し、君が代を斉唱させることが望ましい」とし、国旗の掲揚や君が代斉唱は、各学校の判断に委ねられていた。

一九八九年、学習指導要領が公表された当日、文部大臣が「国旗掲揚・国歌斉唱を実施しなければ校長が職務命令を出す。命令に従わなければ処分もあり得る」と発言した。しかし、この時は「日の丸」は国旗であり、「君が代」は国歌であると法律で決まっていなかった。あくまで文部省が「日の丸」を国旗とし、「君が代」を国歌と決めていただけである。そのために一九八九年の学習指導要領以降、学校現場で入学式や卒業式などで国旗の掲揚や国歌の斉唱を巡って校長と教職員の間で激しい対立が生じた。

そのような中で一九九九年二月卒業式前日に広島県立高校校長が自殺するという出来事が起こり、時の自民党政府は急遽慌てて国会で「国旗・国歌法」を成立させた。歴史的背景を考えると、現国旗・国歌は戦時下に天皇を拝したことを想起させる。第二次世界大戦後、ドイツ、イタリアはそれぞれ国旗を変えている。これは国家としての罪責を認め、謝罪するとともに、戦前に区切りをつけていることを示している。しかし、日本ではそのような罪責を認めることもなく、戦前との断絶がなく、天皇賛歌の「君が代」を強要し、「日の丸」の下で天皇の軍隊が戦争をし、多数の犠牲者を出したことを忘れさせようとしている。戦時中のあの悪夢が繰り返されようとしている。

一九八九（平成元）年と同じように戦後大きな節目となった一九九九（平成一一）年は、周辺事態法などガイドライン関連法（五月）に始まり、八月の衆議院延長会期末の間際に、国旗・国歌法、通信傍受法（盗聴法）、改正住民基本台帳法（一億総背番号法）など、信教・思想・良心の自由を脅かす法律が可決された。八月九日の参議院本会議で可決され、八月一三日に制定・公布されたのが「国旗・国歌法」である。ただ、国旗掲揚や国歌斉唱の方法については何も述べていなかった。この日の『ニュースステーション』で井上ひさし氏が「これで戦後は終わって、新しい戦前が始まりつつある」と語っていたのが忘れられない。

しかし、当時の小渕首相、野中官房長官は「国旗は日の丸、国歌は君が代とするが、強制するものではない。起立する自由もあれば、起立しない自由もあるであろう」との見解を述べていた。これが政府首脳の一般的な見解であったが、文部省は九月一七日付で初等中等教育局長・高等教育局長連名の通知を発し、「この法律の制定を機に、国旗及び国歌に対する正しい理解が一層促進されるよう」各都道府県教育委員会に求めている。一旦法制化されるや文部省及び各都道府県の教育委員会は積極的に「日の丸」・「君が代」を校長たちに強制するように指示した。

たとえば、一九九九年度直前の神奈川県高等学校の国旗掲揚の実施率は九五・三％（九七年度卒業式）ないし九五・九％（九八年度入学式）に達していたが、「君が代」斉唱の実施率は五・九％（九七年度卒業式）ないし七・一％（九八年度入学式）であった。それが九九年度卒業式には国旗掲揚率一〇〇％、国歌斉唱率九七％、二〇〇〇年度入学式には国旗掲揚率一〇〇％、国歌斉唱率九八・八％に達している。

神奈川県教育委員会は、二〇〇〇年一二月四日付教育委員長通知で「全県立学校で国旗が掲揚され、ほぼ全校で国歌が斉唱されたことは成果であるが、従来よりお願いしているものとは異なる事例が多く見られるので一層の努力」をするようにと校長に求めた。そして、二〇〇一年一二月一三日の教育長通知は、卒業式・入学式の実施形態について、「国旗は式場正面に掲げることを基本とする。国歌の斉唱は式次第に位置づける。教職員の業務分担を明確に定める。厳粛かつ清新な雰囲気の中で行う」ことを校長に求めた。そして、校長の指示に違反する教職員に対しては「服務上の責任を問われることがある」旨を教職員に徹底することも求めた。

こうして現在においては神奈川県の公立小・中・高校の卒業式・入学式で国旗に向かって起立し国歌を斉唱することを「すべての学校で一律に式次第にもとづいて実施する」という目標は達成され、「起立・斉唱を拒む教職員が一名たりとも存在することを許さない」という目標を追求する段階になっている。

三、今何が起こっているのか――旧約聖書から学ぶ

「道徳の教科化」は、愛国心、宗教的情操、いじめ対応などと主張をすり替えつつ進められてきたように思う。二〇一五年、文部科学省は「道徳」を「特別な学科」に格上げし、二〇一八年度から小学校、二〇一九年度から中学校で検定教科書による全面実施をめざしている。

キリスト教学校について、現段階では今までの「宗教をもって道徳に代えることができる」ことが維持されているようであるが、今後の動向によっては、これが削られて代替ができなくなる恐れも考えられる。

キリスト教学校は、聖書における「道徳」の具体的展開例、道徳教育の教材『私たちの道徳』とキリスト教教育・キリスト教倫理との違いの明確化、キリスト教倫理が「道徳」を凌駕する可能性などを示していく必要がある。二〇二二年度には、高校の「公共」の導

入が予定され、国家主義的な教育の方向が強まりつつある。「いつか来た道」に戻らないために、キリスト教学校は、さまざまな課題に預言者的な役割が求められている。

アジア・太平洋戦争で敗戦を経験して七一年が経過した。既に戦後に生まれて直接にこの戦争を体験的に知らない人の方がはるかに多くなった。日本の敗戦を考える時、今から二六〇〇年ほど前に南ユダ王国とその首都エルサレムがバビロニア軍によって滅ぼされたことを旧約聖書はどのように伝えているかをまず学ぶべきである。何故ならば二六〇〇年前の敗戦については、お互いに誰も体験的に知らないという点で同じだからである。

エルサレムは、紀元前五八六年バビロニア軍によって滅ぼされた。そのときの記録が列王記下二五章に詳しく記されている。南ユダ王国は、圧倒的に優勢なバビロニア軍に対して死力を尽くして戦ったが、ついに町の一角が破られてバビロニア軍に蹂躙されてしまった。ゼデキヤ王はエルサレムから脱出したが捕らえられ、自分の目の前で自分の子どもたちが殺されるのを見せられ、両眼を削り取られ、バビロンに捕虜として連れて行かれた。

バビロニア軍がエルサレムを攻略しようとした時、預言者エレミヤはエルサレムの人々に、エルサレムの陥落を告げた。しかし、エルサレムの人々は、彼を偽預言者、非国民として非難した。エレミヤを偽預言者として攻撃したのは、神の守護があるから、いかなる外敵が来ても、エルサレムは絶対に滅亡することはないとの信念を持った人々であった。

エルサレムの人々は、預言者イザヤ以来の「エルサレム不可侵」(イザヤ三七・三三〜三六)を信じて、エレミヤの言葉を受け入れなかった。しかし、エレミヤの預言の通り、南ユダとエルサレムは滅亡した。

戦争中、日本は「神の国」であるから滅びることはないと信じていた。必ず神風が吹く、「神州不滅」と言われてきた。そして、日本人は神社に参拝して戦勝を祈願した。しかし、日本は戦争に負けた。さらに敗戦後も日本人は「一億総懺悔」という言葉で敗戦を曖昧にしてしまった。そして、参拝した人も、参拝された神社も、ともに残っている。昭和天皇は皇位を全うし、小泉純一郎、安倍晋三など歴代の総理大臣たちは明治神宮や伊勢神宮を参拝し、閣僚はじめ自民党の多数の議員たちは靖国神社参拝を続けている。

旧約聖書の人々が、エルサレムの陥落の歴史的出来事を通して学んだように、私たちもこの敗戦から教訓を得たい。私たちは自由が失われつつあった時、そのために戦うことを怠った。そしてその矛先がキリスト教に向けられてきた時には、それに抵抗する力を失った。そのことでナチス時代にヒトラーに抵抗したマルティン・ニーメラーの言葉を嚙みしめたいと思う。

「ナチスが共産主義者を攻撃した時、自分はすこし不安であったが、とにかく自分は共産主義者ではなかった。だから何も行動に出なかった。次にナチスは社会主義者を攻撃した。自分はさらに不安をましたが、社会主義者ではなかったから、何も行動にでなかった。それからナチスは学校、新聞、ユダヤ人等々をどんどん攻撃し、自分はそのたびごとにいつも不安をましたが、それでもなお行動にでることはなかった。それからナチスは教会を攻撃した。自分は牧師であった。だから立って行動に出たが、その時はすでに遅すぎた」（『岩波講座現代思想』第五巻、岩波書店、一九五七年）。

ニーメラーは「遅すぎた」と思ったが抵抗し、日本のキリスト教の教会や学校は「遅すぎた」と思って抵抗しなかった。

ナチスに抵抗したニーメラーは、一九三七（昭和一二）年七月一日逮捕されている。そのことは日本にも伝えられていた。日本基督教会の機関紙『福音新報』（一九三七年九月二三日）は次のように記している。「ニーメラー牧師の監禁、ベルリン、ダーレム教会の牧師ニーメラー博士は、六月下旬監禁せられたと報ぜられる」。このようにドイツのニーメラー牧師の抵抗の事実は、知識として日本にも伝えられていたが、当時の日本の教会やキリスト教学校は日中戦争に直面しても何も抵抗しなかった。

一九三七（昭和一二）年七月、日中戦争が勃発し、政府・軍部の拡大路線が国民を巻き込んで進められている時、東京帝国大学教授矢内原忠雄（やないはらただお）は中央公論九月号に、一九三一（昭和六）年の日本軍の満州侵略以後の日本に対する憂いを、『国家の理想』という論文として書いた。この論文を当局は直ちに発売禁止にした。矢内原忠雄は、その年の一〇月一日、日比谷市政講堂における藤井武七周年記念講演で『神の国』という演説を行い、次の言葉で結んでいる。

「今日は、虚偽の世に於いて、我々のかくも愛したる日本の国の理想、或は理想を失ったる日本の葬りの席であります。私は怒ることも怒れません。泣くことも泣けません。どうぞ皆さん、若し私の申したことが御解りになったならば、日本の理想を生かす為に、一先ず此の国を葬って下さい」（『矢内原忠雄全集』第一八巻、岩波書店）。

そして、矢内原忠雄は東京帝国大学から辞職を求められ、一二月一日辞表を提出している。学生に対する最終講義で残した言葉は、「体は殺しても、魂を殺すことのできない者どもを恐れるな。むしろ、魂も体も地獄で滅ぼすことのできる方を恐れなさい」（マタイ一〇・二八）であった。

現在の日本社会の中で、特に日常生活の現場において、状況に抗して生きる主体がほとんど形成されていないことに危惧を覚える。そのことが日本社会を戦前の方向に変えていこうとしているように思われる。それを考えるとき、問題の所在は戦前、戦中そして戦後の教育にあると思う。我々はその教育の一端を担っていることを自覚すべきだと思う。

「キリスト教教育が直面する課題」について述べてきたが、明治になってキリスト教の宣教が許されて来日した宣教師たちも、国家（天皇制）の圧力を恐れてか国家論をあまり説かなかったように思う。天皇制のもとでキリスト教も取り込まれていったように思う。その影響から戦後も脱し切れていないように思われてならない。かつて天皇制に屈したキリスト教の問題は、現在までも引きずってきているのではないだろうか。

大日本帝国憲法の「天皇ハ神聖ニシテ侵スヘカラス」の項目と、キリスト教で信ずる神とはどうかみ合うのか。この問題は現憲法下でも、象徴天皇制とどう取り組むのか、それをどう位置づけるのか、逃げの姿勢をとらず考えていかねばならない課題であるように思う。アジア諸国から日本の侵略戦争に鋭い批判の目が向けられる時、日中戦争勃発に際して職を賭して時局を批判した矢内原忠雄の抵抗は、なお今日的な意味を持っている、と私は考えている。

四、おわりに

「キリスト教教育が直面する課題」について考察する時、「国や郷土を愛する」、「私たちの道徳」、「道徳」の教科化、個人よりも公共の福祉といった問題の根底に日本の過去の歴史を、私たちがどう考えるのかということである。そして、南原繁（なんばらしげる）が指摘した問題状況は、彼が語ってからほぼ六〇年経た今日においても、依然として変わっていない、むしろ、気づかない間にナショナリズムが広がりつつあるように思っている。

南原は、「日本はなんと言っても、本当の精神的革命を経ていないですからね。政治的にも、社会的にも、いっぺんどこかで断絶的なものが一つなくては。それなしにきているからこういうことになって、本当にデモクラシーの精神がつかめないんじゃないですか」（『世界』一九六四年八月号）と語った。南原が指摘しているように、断絶をくぐってこそ、過去の歴史や伝統の変貌、伝統の新しい創造、国家や社会のあり方、倫理道徳のあり方が見えてくるのではないだろうか。日本国憲法が改憲されようとする今日、ある人にとってはキリスト教徒が「厄介な存在」にならなければならない。

思えばキリスト教はその長い歴史の中で多くの試練や困難を経験してきたはずである。しかし、それらを乗り越えてくることができたのは、ひとえに「主に望みをおく」ということがあったからではないだろうか。現在、キリスト教は「主に望みをおく」ことによって新たなる力を得ることができる。そして「鷲が翼を張って上る」ことができるように、キリスト教の営みも空高く飛ぶことが可能になる。日常の現場がどれほど忙しく、徒労と思えるようなことに満ちていたとしても、私たちには「走っても弱ることなく、歩いても疲れない」強靭なリーダーシップの持ち主である方が存在しているからである。

時代や社会が大きく変化し、キリスト教の理念もそして現実も極めて難しい状況にあると言えよう。まさにバビロン捕囚期のイスラエルの状況と類比的に見てとることができる。混乱、疲労、挫折の真っ只中にあった捕囚期のイスラエルに向かって第二イザヤという預言者が語った「若者も倦み、疲れ、勇士もつまずき倒れようが　主に望みをおく人は新たな力を得　鷲のように翼を張って上る。走っても弱ることなく、歩いても疲れない」（イザヤ四〇・三〇―三一）という言葉に励まされて歩んでいくことを切に願い、私の拙い話を終えたいと思う。

（二〇一六年一一月二三日　キリストの教会の合同礼拝における講演）

三　今、キリスト教学校が求めている教師とは

はじめに

四〇年以上も前のことだが、今でも鮮明に覚えている出来事がある。

初めて高校三年の担任のとき、M君は学年でもトップの成績で何事も落ち着いて着実にこなす生徒であった。しかし、どことなく反抗的で私との進学面接でも「先生と相談することは何もありません」とぶっきらぼうに言い放った。そして受験はことごとく失敗し、浪人することになった。その後、彼は数年間一度も学校に姿を見せなかった。そのうち私は日々の仕事に追われ、彼のことを忘れていた。

ある日突然彼が「弁護士になりました」と報告にやってきた。そして「先生、この数年、いろんなことを経験してずいぶん成長しました」と言った。彼は卒業後、両親の離婚という辛い出来事を経験し、また現役で合格した親友が遠い存在となり、初めて孤独を実感したのだと言う。その結果、今まで周囲の期待に沿うように生きてきたが、これからは自分で何事も決めていこうと決心したのだそうだ。「先生が言っていた自立ってこういう

ことなのかな。僕は、今自分の人生を歩いているなって感じがするんだ」と活き活きとした彼の言葉に接し嬉しかった。彼が優等生として過ごしてきた高校生活の中では一度も見せたことのない明るい表情であった。

教育の業に携わる者は、成長というものに驚かされ、感動させられる。私は彼の成長の事実を目の前にして、大いなる方の導きがあったことに気づいた。彼が帰った後、私はある聖句をつぶやいていた。「わたしは植え、アポロは水を注いだ。しかし、成長させてくださったのは神です」（Ｉコリント三・六）という言葉である。

みなさんもこれから生徒との関係性の中で、自分の思いや願いをはるかに超える大きなスケールでやってくる感動に出会うことであろう。私たちは、植えたり、水を注ぐ自らの務めに精を出していけばよいのだと思う。成長させてくださるのは主なる神だからである。

キリスト教教育とは

たまたま私はクリスチャン三代目、「売り家と唐様（からよう）で書く三代目」の通り、大変ひ弱な三代目である。しかし、ひ弱な三代目も大学院の頃、偶然に明治学院で世界史の講師を務め、その後、関東学院、横浜女学院、立教女学院と勤務することになり、いつの間にか五〇年ほどキリスト教学校に関わり、今も横浜共立学園、捜真学院の理事・評議員として働きの場を与えられ、キリスト教学校と関係を持ち続けている。

キリスト教学校は明治以来、社会の諸問題の先取りをしてきた、特に社会の闇に対して光を与えてきた、と私は思っている。キリスト教学校の先輩たちはキリスト教教育に対する並々ならぬ情熱と使命感でそれぞれの時代に光を与えてきた。その後継者である私たちは、その伝統を継承しているのかという問いを突きつけられている。今私たちは、先輩たちが大切にしてきたキリスト教教育の遺産を食いつぶしてはいないだろうかと思う。今日、生徒たちに将来の方向性やビジョンを指し示すことができなくなってしまっている時、改めてキリスト教教育について考えてみる必要があるように思っている。

キリスト教に基づく教育とは、何も奇妙な信念を強制することを目標としているわけではなく、人知を超える何ものかが厳然とあって、人間は常にそれと対峙しながら自らの位置を見定めていくという、ごく当たり前のことを指し示すことではないだろうか。つまり、無限で時空を超えた永遠を見据えながら己を処していくことなしに真っ当な人間になり得ないということを何よりも明確に示すのがキリスト教教育であるにもかかわらず、この点があいまいにされたままになっているように思う。そのような意味で新任のみなさんの新鮮な息吹をキリスト教学校の中に吹き込んでほしいと切に願う者である。

既に「向こう岸へ」渡っている教師

みなさんは校長あるいは宗教主任など責任者の方から「建学の精神」についてレクチャーを受けましたか。おそらく一回または二回くらい創立の由来などについて学んだことと思う。みなさんが勤務している学校も創立の頃は、創立者の熱い祈り、情熱があってキリスト教教育がキャンパスにみなぎっていたと思う。もちろん、現在もみなさんが勤務する学校もキリストの香りにあふれていると思うが。みなさんは新任教師として勤務したばかりですから自分の身の回りのことだけで精一杯、とても学内のキリスト教教育のことなど考えている余裕などないかもしれない。しかし、もしも勤務している学校のキリスト教教育が空洞化し、形骸化していると感じたならば、どうか創立者の熱い祈りと思いがどのようなものであったのか考え、その継承者になるべく努力してほしいと願う。

そのためにマルコ福音書四章三五節以下の記事を学んでみたい。イエスはガリラヤ湖畔で弟子たちに「向こう岸へ渡ろう」と呼びかけた。この呼びかけに応えて弟子たちは「向こう岸に」向けて舟を漕ぎ出した。みなさんの学校の創立者たち、また、数えきれないほどの先輩たちが、決意を持って「向こう岸へ」渡った。

ところが、弟子たちが舟を漕ぎ出すやたちまち激しい突風に巻き込まれ、舟が沈むばかりになった。弟子たちは、うろたえ、慌てふためき、イエスに助けを求めた。この場面をオランダの画家レンブラントが『ガリラヤ湖の嵐』というタイトルで描いている。

弟子たちを襲ったのは自然の嵐であったが、キリスト教学校に押し寄せているのは自然の突風ばかりではない。確かに外側からの激しい波風にさらされることも多いが、これよりも警戒しなければならないのが内側から吹いてくる波風である。キリスト教教育を貫こうとすればするほど、教職員の意見対立や相互不信が強まり、やがては内から崩れていく。そして、「向こう岸へ」渡らなければよかったと思うようになる。

しかし、キリスト教学校に勤務する者は否応なく既にイエスの「向こう岸へ」渡ろうという呼びかけに応じたのである。既にみなさんは、自覚しようとしまいとイエスの呼びかけに応えてキリスト教学校に勤務していると言えよう。

教えられないものがあることを知る教師

教育という言葉は非常に古いもので、中国の古典『孟子』に、君子の三楽の一つとして「天下の英才を得てこれを教育す」とあるところから生まれた。日本では明治以来現在まで教育の「教」に重点が置かれ、「育」の部分が疎かにされてしまったようだ。生徒が本来備えている好奇心とか意欲という点を軽視してきた。すなわち、生徒の中に備わっているものを引き出していこうという「育」がいつしかないがしろにされ、現在のような成果主義、効率主義の教育に偏りすぎてしまったように思われる。

そもそも教育とは、生徒たち一人ひとりに「生きる意味」を気づかせることにある。それは生徒たちの中に内在している魂を目覚めさせることにある。教育は将来立身出世のために役立つ能力を身につけさせることだけにあるのではない。確かに、明治以来の近代教育は、生徒たちが将来世の中に出て役に立つ読み、書き、計算を修得させることに力を入れてきた。しかし、生徒たちがどれほど読み、書き、計算がよくできたとしてもそれで立派な人間に成長してゆくわけでもない。大切なことは身につけた能力を何に使うか、ということである。現在、国の教育政策の最大の目標は世界の国々の子どもたちと比較して如何に学力を向上させ、高い順位を保つかにあるようだが、そのことより大事なのは、現在の教育が生徒たちに「生きる意味」をしっかり伝えていないことにある。

もちろん教育は、生徒たちに知識を伝達し、技術を習得させるという重要な役割がある。知識の伝達や技術の習得は大切なことであり、それには教師の専門的力量が必要とされるが、一体何のためにそれをするのか、誰がそれを身につけるのか、ということがしっかりしていないと、折角の知識、技術がかえってマイナスの方向に向かってしまいかねない。しばしば高度な知識、技術を身につけた人が自分の地位や立場を利用してずる賢く立ち回っている現実を私たちはいやになるほど見てきているではないか。

新約学者の荒井献（あらいささぐ）氏が『「強さ」の時代に抗して』（岩波書店、二〇〇五年）の中でこう述べておられる。

「学生に有能な社会人として活躍できるように『付加価値』をつけることが大学の社会的責任である。しかしそれはあくまで責任の一つであって、私には第一の責任とは言い難い。第一の責任というと、それが全的に責任ととられ、結果として付加価値だけで人間を評価する傾向を助長することになりかねない。もしそのような傾向が一般的になってしまっては人間であることの根底がくずれるのではないか。教師が学生の存在価値を受け入れて、学生がその内なる『生きる力』を自ら主体的に引き出す媒体となること、それが私には『大学の第一の社会的責任』と思われる」。

教師の第一の役割は、ファシリテーターであると言われている。ファシリテーターとは、生徒の存在価値を引き出し、導いてくれる人である。もともと、教育の意味は、その人の存在価値を引き出すことにあった。人間教育は教えることよりも、生徒に寄り添って、その内なる存在価値を引き出すファシリテーターになることではないだろうか。

教育には、教えられないものがある。科学的真理は教えられるが、生きることに関わる真理、たとえば愛とか思いやり、希望や忍耐、勇気などはどんなに言葉を尽くして説明しても生徒にすぐに理解されるものではない。生徒自身がそれを生きてみることによってしか分からない真理である。

本当は生徒に一番伝えたいと思うものほど教えることはできない。つまり、国語や数学など学科の教育は、生徒の自然的な理性、受容力に結びついていくが、キリスト教教育は説明すれば分かるというものではない。そこにはどうしてもある断絶を越えて伝わっていく。キリスト教教育が主体的である以上、人格的な決断とか出会いとかが媒介となって伝わっていく。学科の教育と違って生徒が理解すれば伝わっていくものではない。

そこにキリスト教教育の難しさがあり、同時に奥深さというかやりがいがあるように思う。それを連続性の教育と非連続性の教育と言い換えてもよいだろう。知識としての学科の教育は直接的に生徒に伝わっていくが、キリスト教教育は生徒自身の主体的な決断、参与がなければ伝わらない。

教師は、自らの力ではキリスト教教育の伝達は不可能だということを十分に自覚した上で何らかの契機を求めるしかない。すなわち、非連続の連続ということが起こらなければならない。愛、思いやり、希望、忍耐、勇気などは生徒の主体的な参与や人格的出会いがなければ伝わらない。

高校時代に出会った一人の先生が私の人生に大きな影響を与えたといってもよい。その先生は古典の教師で授業の途中で必ず人生論や世界観を語りだした。何が面白かったといえば、先生が情熱を持って語りだす人生論であった。清少納言や吉田兼好の古文の訳読が終わると彼らの過ごした時代背景やその生き方を通して今の時代を生きるヒントのようなものを示してくれた。

私が高校に入学した時代は敗戦後の傷跡があちらこちらに残っていた。戦争中の姿勢や態度を見事に変えていった政治家や思想家たちに激しい憤りを感じていた。「鬼畜米英」と叫んでいた人たちがいとも簡単にアメリカにすり寄っていった。それに対して私はあんなに簡単に生き方や考え方を豹変させることができるのかと疑いを持っていた。なぜ、そんなに簡単に変わっていけるのか、節を曲げることができるのか納得できなかった。ふつふつとした気持ちにかられていた時にその先生と出会った。その先生の授業だけは一生懸命に聞いた。

ある日、私は手紙を書いて自分の思いを先生にぶつけることにした。「何故に世の中は、あんなに容易に精神状態を変えることができるのか。実に簡単に手のひらを返すような大人たちが許せない」と書いた。その後、二、三週間経過しても返事が来なかった。私はやっぱり先生も一人の生徒のことなど相手にしてくれないのだとあきらめていた。

ところが、手紙を出してから一か月も経った、ある日の授業で先生は「実は、このクラスの生徒から手紙をもらったが、まだ返事を書けないでいる。というのは私自身がそのことで悩んでいる。世間の変わり身の早さにどう対応していいのか分からないでいる。私自身も日本の勝利を信じていたし、そのことを生徒に言ってきた。その言葉は嘘だったのだと言えずにいる。私はどうしたら教師として務まるだろうかと苦しんでいる」と自分自身の苦しみを語った。そして、先生は、手紙を書くことは出来ないが、みんなより多少長く生きてきた人間として聖書の言葉を伝えたいと言われた。「聖書の中に『隠されているものので、あらわにならないものはない』（ルカ八・一七）というイエスの言葉がある。今、隠されてしまっているが、本当のこと、真理は戦争中であろうが、戦後であろうが、事態がどんなに変わろうが真理は必ず現れてくる。私はキリスト者ではないが、この言葉によって今の時代を耐えたいと思っている」と語られた。

私は先生の話から、聖書にはそういうイエスの言葉があったのかと目から鱗が落ちるような気がした。そして自覚的にキリスト教に関わり始めたと言える。先生がキリスト者でなくても、その言葉を通して、その人自身のアイデンティティにおける、その人自身の主体性における真理としてとらえたものが表現されている。人格において体現されている、生き抜かれていると思った。この時、私も先生のような教師になりたいと思った。

希望は絶望の半歩前を歩いていることに気づく教師

今日、みなさんの勤務している教育現場は、生徒たちの問題行動、保護者の無理難題、次々と押し寄せる行政からの要求など、さまざまな問題を抱えている。一生懸命努力する者が必ずしも報われないとか、希望する職を得られないことが多かったり、狡(ずる)く立ち回る者が得をして正直者が損をすることが多く見られる社会であるようだ。学校内でのいじめが後を絶たない、親の児童虐待も増加している。こうした社会現象が生徒たちの心に深い闇を与え、心を閉ざす生徒たちも増えているように思われる。何か社会全体が病んでしまっているような状態である。

そのような希望の見えない状況の中で生徒たちと関わっていくキリスト教学校の教師には何が求められるのだろうか。それは絶望しない教師である。

とはいえ、「私には絶望など絶対にない」と言える人はいないだろう。しかし、どのように絶望したくなるような状況に陥ったとしても、絶望しきってしまわない教師が学校を支えていくのだと思う。

私たちが、どのように努力しても、誠実に取り組んでも、その努力や誠実さに見合う形では現れてこないのが教育であると、私は思っている。それでも、あの生徒の反応が、あの生徒の笑顔が、あの生徒の成長が見られることによって教師を続けることができる。ほんのわずかなことで自分の苦労が報われたと思うようなことがある。そのような一瞬の出来事や一日があったということで教師生活が支えられている。

何度も失望させられ、裏切られながらも教師の仕事を続けられたのは、「希望はいつも絶望の半歩前を歩いている」という確信に支えられているからだと思わずにはおられない。教育現場が困難であればあるほど、そのような確信に支えられた教師の存在が必要になってくる。絶望しきってしまわない教師たちこそが学校にとって必要である。

私は、担任として数知れない多くの生徒と接してきた。暴力事件を起こして退学させてしまった生徒、わずかな単位を修得できずに留年させてしまった生徒、家庭内の葛藤で悩み家出をし退学していった生徒、聴力障がいで理解の進まない生徒など、さまざまな問題を抱えた生徒たちと格闘してきた。その度に私は絶望の淵にたたずむことがあった。

その中で特に忘れられない一人の生徒がいる。私が担任になって初めてのクラスで自殺した生徒がいた。彼はクラスの中でも目立たない生徒であり、ほとんど私と目を合わせなかった。彼とは早い時期に個人面談をしておこうと思い、受け持ってすぐに彼と会うことになった。早速、「悩み事があったら何でも相談してほしい」と言った私に、彼は「先生には何も相談することはない」とぶっきらぼうに返答してきた。そんな彼に私は、「きみの担任は私なんだから頼りにしていいんだよ」と言い面談を終えた。当時の私は五〇名のクラスの生徒の面倒は一人で見るんだという傲慢さがあった。その後も彼には何かと気を配っていた矢先、突然、自宅で彼は自ら命を絶ってしまった。結局、彼の何の力にもなれず、彼の死に直面して自分の無力さに打ちのめされた。

この出来事で苦悶していた私は担任を辞めようかと思い、先輩の教師に「一人の生徒の力にもなれない。担任をやめようかと思う」と相談した。すると先輩の教師は、「きみは何でも一人で解決しようと思っているようだが、学年の仲間に協力してもらうことも考えなさい」と言われた。先輩の言葉に、クラスの生徒のことは自分で見ていこうと思い込んでいた私は、一人では出来ない教育の領域があることに気づいた。学校という多様な人間の集団をフルに活用して初めて可能になる「人間的領域」があることに気づかされた。特に人間教育は、教師の共同作業によらなければ実現できないことを知らされた。

こうして私は、教育の業の「共同性」にこだわる教師になろうと決意した。そして、どのような事態になっても痛みを共有できる教師集団があることで生徒を立ち直らせることができると実感した。一人ひとりは痛む教師であるが、その痛みを乗り越えるための共同作業に全力投球できる教育共同体がキリスト教学校にはあると信じたい。キリスト教教育の現場は、キャンパスに絶望しない教育共同体を構築できているかにかかっていると思っている。

問い続けられる教師でいられるか

かつてキリスト教学校は、教職員のほとんどがキリスト者であった。ところが現在、多くの学校では、キリスト者の教師は一〇～五〇％でキリスト者でない教師によって構成されている。しかもキリスト者でない教師の大多数が、キリスト教信仰を自分の生き方の基盤、つまり生活の基礎として主体的に選んでキリスト教学校に勤務しているのではない。そのような中で、キリスト者でない教師はどのような関わりをもっていけばよいのだろうか。

かつてキリスト教学校はキリスト者が主役であり、そうでない者は脇役しか担えないという雰囲気があったことも事実である。しかし、現在のように大多数がキリスト者でない教育現場では、キリスト者だけで学校を担っていけるわけにはいかない。活き活きとした教育現場が生まれるのは、キリスト者であろうがなかろうが、すべての教職員が同じ立場で協力しているからである。

かつて御殿場の東山荘での夏期研究集会で、神戸女学院院長城崎進（じょうさきすすむ）氏が次のように述べられた。

「今日多くのキリスト教学校において、教職員のキリスト者比率の低下が危機として嘆かれている。しかし、キリスト教人口一％にも充たない日本の中で、キリスト者比率六〇％や七〇％にも達する学校があるとすれば、それは離れ小島にも比すべき特異な集団であって、日本社会に対して有効な場とは言えないのではないか。むしろ、キリスト教学校は、キリスト者と非キリスト者が、それぞれの学校の建学の精神を共に担うことによってはじめて保持されるのではないか、換言すれば、建学の精神のもとに、学生・生徒を生かすための教育という共通の目的を目指す、キリスト者と非キリスト者の協働が創り出されてこそ、キリスト教学校の存在の何よりの証であると言えるのではなかろうか」。

キリスト教学校の教師は、キリスト者であろうとなかろうと、誰もが建学の精神の担い手であらねばならない。

毎年、関東学院では定年退職の会があり、ある年の一人の先生の言葉が今でも記憶に残っている。この先生は関東学院大学卒業後、工学部の教師として四〇年間勤務された。次のような退職の辞をとつとつと語られた。

「自分が大学を受験した当時は学科試験と面接があった。入学願書の宗教という欄があり、そこに日蓮宗と書いた。面接官は『あなたは日蓮宗を信じているのですか』と問うた。日蓮宗は家の宗教であったが、『信じていない』と答えると落とされるのではないかと思い、咄嗟に『信じています』と答えてしまった。幸いに入学することができ、その後、大学に就職し、チャペルの礼拝にもよく出席していた。しかし、とうとう自分はクリスチャンにはなれなかった。学生としての四年間、教師としての四〇年間、いつも自分の心の中に『あなたは日蓮宗を信じているのですか』と聞かれたことと、この学校がキリスト教の建学の精神に基づいていることを知りながら、クリスチャンにならなくてよいのかと問い続けながら、退職の時を迎えてしまった」。

この先生の誠実な言葉に私はとても心を打たれた。この先生が、学生として、教師として四〇数年間、キリスト教は自分にとっていかなる意味をもつのかと問い続けてこられた。私は、この先生の存在そのものが、ある意味でクリスチャン教師以上に関東学院にとってキリスト教とは何かを考えさせてくれたと思った。学校がキリスト教精神によって立つ、そのことを大切にする教師が存在することでキリスト教学校は成り立っていると思っている。キリスト者がいなくてはキリスト教教育は成り立たないが、キリスト者教師がいても、いるだけではキリスト教教育は完成しない。

誤解を恐れずに言えば、キリスト教学校は、特定のキリスト教価値観を教育するという呪縛から一度解放される必要があるように思う。

自己の思想や価値観に固執する自己絶対化、そうした問題性に対して、唯一絶対の神のみを畏れ、あらゆる人間的なものを相対化し、そこから解放され、自由になれる視点を積極的なメッセージとして発することが大切ではないだろうか。自分の信じている神は絶対だから自分の信仰も絶対だというとんでもない思い上がりが、多くのつまずきを生むことになる。

イエスがファリサイ派や律法学者たちに向かって、相手にはやれと命じるが自分では何もしないのは先生の名に値しないと厳しく警告している場面がある。

「律法学者たちやファリサイ派の人々は、モーセの座に着いている。だから、彼らが言うことは、すべて行い、また守りなさい。しかし、彼らの行いは、見倣ってはならない。言うだけで、実行しないからである。彼らは背負いきれない重荷をまとめ、人の肩に載せるが、自分ではそれを動かすために、指一本貸そうともしない」（マタイ二三・二〜三）。

それに対してイエスが模範を示した場面がある。

「さて、イエスは、弟子たちの足を洗ってしまうと、上着を着て、再び席に着いて言われた。『わたしがあなたがたにしたことが分かるか。あなたがたは、わたしを「先生」とか「主」とか呼ぶ。そのように言うのは正しい。わたしはそうである。ところで、主であり、師であるわたしがあなたがたの足を洗ったのだから、あなたがたも互いに足を洗い合わなければならない。わたしがあなたがたにしたとおりに、あなたがたもするようにと、模範を示したのである』」（ヨハネ一三・一二〜一五）。

当時のユダヤの社会ではお客が来たとき、その家の召し使いはお客の足を洗うのが習慣となっていた。それをイエス自らが弟子たちに行った。弟子のペトロが「わたしの足など、決して洗わないでください（先生にそんなことをしてもらっては困る）」と断ると、「もしわたしがあなたを洗わないなら、あなたはわたしと何のかかわりもないことになる」とたしなめている（同八節）。イエスは自分の行動を通して先生としての模範を示された。

おわりに――生命の種を蒔き続ける教師

教育に携わるなかで徒労に思われる場合がある。そんな中で思い起こし、かみしめる一つがイエスの「種を蒔く人のたとえ」である。

大切な種が道端に落ち、石地に落ち、いばらのなかに落ちて、次々に無駄になってしまう。それでも農夫は生命の種を蒔き続ける。一体何が農夫に忍耐を与えているのだろう。キリスト教教育に取り組む私たちは、時に徒労としか思えない働きにそれでも取り組む力を何によって与えられるのだろうか。

かつて山梨県立美術館で観賞したミレーの『種蒔く人』がある。背景は暗い。農夫の周辺は特に暗く、彼の顔は半分暗闇に覆われている。それは農夫の徒労や疲労や失望、失敗を意味するように見える。暗闇で働く農夫の腕や足は、しかし、たくましい。このたくましさは彼の強靭な精神力を表していると思われる。種を持つ手からぼろぼろとこぼれ落ちている種がある。それは道端や石地、いばらの中に落ちた種を暗示するのだろう。ミレーは、しかし、力強い意志を持って蒔き続ける農夫を描く。

ミレーはなぜ暗闇の中で働き続ける農夫に力強い意志を描き得たのか。マタイによる福音書によるイエスのたとえでは、実りは「百倍、六十倍、三十倍」になる。この通知は種自身に成長する可能性が秘められている事実を語っている。だから、「生命の種」と呼ぶことができる。農夫は、この事実を知り、信じている。信じることが彼の力となり、意志を生み出す。

イエス・キリストの名によって建てられた学校にはそれぞれの歴史があり、個性がある。この事実は各学校の自立を語っている。しかし、キリスト教学校の自立は孤立を意味しない。生命の種を蒔く働きには共有できる要素がある。私たちはさまざまな課題と喜びの共有によって絶えず孤立を克服できる。

キリスト教学校教育同盟の役割の一つとして、キリスト教教育の課題と喜びを共有しあう場の提供があるのではなかろうか。みなさんの役割は、今託されている学校で生命の種を蒔き続けていくことではないだろうか。

（二〇一九年四月二〇日　キリスト教学校教育同盟関東地区新任教師研修会）

四　過去を見極め、今を考え、将来を見据える

「売り家と唐様(からよう)で書く三代目」、つまり「三代目となると築き上げた身上(しんしょ)を潰し、ついには家を売りに出す。しかしその売り札は道楽ぶりを物語ってしゃれた唐様で書かれている」という川柳があるが、まさしく三代目のキリスト教徒である私は「お前は恥ずかしくないキリスト教徒として生きてきたのか」と気骨のあった祖父の叱責を受けながら馬齢を重ねてきた。

大学院生の頃、明治学院高校の世界史の講師としてキリスト教学校にかかわりを持つようになっておよそ六五年、キリスト教学校から受けた影響は何かと考えると、人との出会いであったと言える。

特に四〇歳の頃に出会ったのが、当時関西学院高中部の部長小林宏先生である。当時、小林先生は同盟の中高部会の責任者でもあった。私の何が小林先生のお眼鏡にかなったのか未だよくわからないが、初めて参加した全国中高研究集会、確か関西学院の千刈のセミナーハウスであったかと思う。その研究集会終了後に「平塚さん、あなたを教研委員に推薦するからそのつもりでいてください」と言われ、同盟がどんな組織であるかもわからぬ

ままに同盟に引きずり込まれてしまった。そして、その後同盟のさまざまな会合に参加し、よき先輩、同僚に出会い、支えられ励まされてきた。以来、私にとって同盟は心のよりどころとなっている。

かつて私は折あるごとに申命記八章二〜四節の言葉を引用することにしていた。

「あなたの神、主が導かれたこの四〇年の荒れ野の旅を思い起こしなさい。こうして主はあなたを苦しめて試し、あなたの心にあること、すなわち御自分の戒めを守るかどうかを知ろうとされた。主はあなたを苦しめ、飢えさせ、あなたも先祖も味わったことのないマナを食べさせられた。人はパンだけで生きるのではなく、人は主の口から出るすべての言葉によって生きることをあなたに知らせるためであった。この四〇年の間、あなたのまとう着物は古びず、足がはれることもなかった」。

モーセがエジプトからイスラエルの民を導き出して、想像を絶するような辛く苦しい四〇年の旅が終わり、ようやく約束の地を目の前にして彼が語った言葉である。過去の出来事は、過ぎ去った遠い彼方にあると思いがちであるが、モーセは過ぎ去った過去は目の前にあると語っている。

私たちは、過ぎ去った過去よりも、ひたすら将来を見て前に進むことばかりを考えてしまう。しかし、私たちは目の前にある過去を見て、将来への新たな歩みを始めていくべきではないだろうか。そういう意味でタイトルを「過去を見極め、今を考え、将来を見据える」と決めた。しばらく拙い話にお付き合いください。

一、われわれの先輩たちの直面した課題

みなさんは耳にタコができるほど聞き飽きてきたであろうが、やはりこれを語らねば同盟を語ることにはならないと思っている。同盟は一九一〇年、訓令一二号の撤廃のために結集した同志的結合であった。

当時のわれわれの先輩たちを動かしたのは、自分たちの学校の存立にかかわる危機的事態というよりも、国家権力がキリスト教学校の教育の在り方を脅かすことに対する怒りではなかったか、と私は考えている。先輩たちは、自分の学校の教育に関して、それぞれ明確なビジョンをもって携わっていたからである。それを一言で言うならば、明治初期の福沢諭吉が説いた立身出世ではなく人格形成を目指すということではなかったかと思う。その人格形成はイエスの教えに基づく教育によって初めて実現すると言うビジョンであった。そのビジョンが国家の圧力によって憤死しかねないという危機を迎えていた。

一九一〇年四月、男子校一〇数校が「基督教教育同盟会」を組織し、その目的は、「キリスト教主義学校に共通な問題について研究し、その進歩発展をはかり、必要の場合には共同行動を執るにあり」と定められた。また、女子校も訓令一二号の打撃を受けたことは言うまでもない。当時、全国の三八校のうち、各種学校の扱いを受けたのが三一校にも及んだと伝えられている。さらに廃校に追い込まれた学校もあったという。一九一三年一〇月に二〇数校が集まり「女子基督教教育会」が組織された。基督教教育同盟会と女子基督教教育会は一九二二年一一月に合同し、名称を「基督教教育同盟会」とした。これが同盟の出発点となっている。

現代という時代は、「大変化」の時と言えるように、まさに社会も教育も生活価値も新しい方向を探っているように思う。戦後の六・三制以来の大改革をしつつある教育制度や就学人口の減少化に伴って教育現場は揺さぶられているように感じる。

訓令一二号当時のようなあからさまな国家の圧力はないが、「教育基本法の改訂」や道徳の教科化、大学入試の改革、私学のガバナンスなど、キリスト教学校の存在とそこで働く勤務員にとってゆゆしき問題が国から提出された。また、生徒・学生に見られる現象として、孤独な状況、経済的困窮、成績不振、メンタルヘルス、いじめ、ハラスメント、引きこもり、人間不信、将来不安、親子断絶など数え上げるときりがないほどの問題が突きつけられている。さらに学校の運営に関しても、入学志願者の減少、定員割れ、財政悪化、補助金の減少、予算削減などの問題を抱えている。このような危機は学校の規模にかかわりなく共通する課題ではないかと思う。同盟としてもこのような課題に危機意識の共有ができるかどうか試されているのでないだろうか。

戦後のキリスト教学校を振り返って私は、二つの分岐点があったように思っている。戦後しばらくはミッションスクールの隆盛期であった。

戦前、戦中とキリスト教学校は苦難の時代を過ごしたが、敗戦直後はGHQの統治下において戦前の国家主義・軍国主義が排除され、「教育勅語」に代わり「教育基本法」が制定され、民主主義教育が取り入れられた。特にキリスト教学校は欧米のミッション本部から豊富な資金が提供され、ミッションスクールとして恵まれた環境に置かれ、地方でもミッションスクールブームを迎えた。

たとえば、一九五一年梅光女学院中学に入学した妻は、山口県内の各地から生徒が通ってきて、小学生にとって梅光女学院はあこがれの学校であった、と往時のことをよく話していた。妻の学年は二〇〇名の大所帯で、急遽記念館を教室とするほどであったそうである。梅光女学院だけでなく各地のキリスト教学校は、宣伝しなくても生徒が集まってきていた。

しかし、このブームは長く続かなかった。一つめの分岐点を迎えることになった。一九五〇年代後半から一九六〇年代にかけて文部省の戦前回帰を目指す教育により、特に一九五八年の学習指導要領により「道徳の時間」が設置され、君が代の斉唱・日の丸の掲揚も行われるようになり、キリスト教学校にとっては厳しい時代を迎えることになる。そして、一九七〇年代に始まった学習塾による学校への参入は、受験一辺倒の教育へと向かい、人格形成を目指す教育を荒廃させてしまうようになった。

この頃、キリスト教学校は進学率の上昇に伴い収容定員も急増され、社会的に認知されることになったが、同時にキリスト教学校本来の存在としての意義も問われることになった。キリスト教学校が発展するにつれて同時にキリスト教が稀薄になるという現象が危惧された。当時、ある学習塾の代表が私の勤務する学校に来られ、学校はまず優秀な生徒を募集することに力を入れるべきだ、と声高に言われ、あまりキリスト教を強調しない方がよいとくぎをさされたことを記憶している。この時、キリスト教なくしてキリスト教学校が立ち得るという悲劇も起こるのではないか、と私は深く考えさせられた。

そして一九八〇年代になると、まさに新自由主義による受験教育の真っ只中に突入する。競争原理とか偏差値教育という言葉が飛び交い、学習塾や予備校と提携して、いかに多くの志願者を集めるかという流れに呑みこまれていった時代であった。

そのような状況の中で、一九八六年に「これからのキリスト教学校」という座談会が開かれた。その座談会の中で女子学院院長の齋藤正彦先生は「日本の教育を支配しているのは、競争原理、受験体制で、これがやはり決定的なことで、問題は、このような現状から大胆におりる決断ができるかどうかです」と述べられた。

東京神学大学教授の熊沢義宣先生は、「キリスト教教育の中には、いわば誰も問題にしなかったような、はずれたようなものを拾ってものにしてきたものがあるわけで、それが日本の文教政策の中でやっと市民権を得たわけです。その点では安定し、保障された体制の中に入っているわけですけれど、それだけに今度は、はみだす勇気がなくなってきたのではないでしょうか。これはキリスト教学校教育としては、やらなければならない部分ですね。それは文部省の御墨付きがなくても、また人気がなくても、これはやらなくてはならないといったものが、少し稀薄になってきているんではないでしょうか」と指摘された。

また、教研担当理事の岡本道雄先生は、「日本のキリスト教学校のおかれている状況は、世俗化、大衆化などいろいろな問題がある中で、非常に困難な状況にあります。そういう場合にキリスト教が、本当に建学の精神というか草創期の持っていたキリスト教人格主義（本当の意味の人間教育）を、原点として見直すと共に、これに加えて新しい人間教育の視点として異質なるものを許容するということを、教育の具体的な目標や計画の中に実現していく。これが、二一世紀のキリスト教学校の在り方として必要なことではないだろうかと思います」と述べておられた。

われわれの先輩は、近い将来キリスト教学校の教育が深刻な事態を迎えるであろうことを予測しておられた。しかし、それらの提言、提案に対して理解しながらも積極的な取り組みをすることがなかったように思われる。同盟としてもそれらの提言、提案を危機意識として共有しようとする努力を怠ってしまったように思えてならない。この時点で同盟として、あるいは各学校が何らかの手立てを考えていたならばいくらか方向が違っていたのではないだろうか。当時のわれわれの先輩たちの提言、提案は今日的課題でもあると言える。

本来、キリスト教学校は、わが国の私立学校の中で最も筋の通ったミッションを語り続けてきた学校であった。競争原理の中で人間教育が歪められ、極端な詰め込み教育が行われる中で、キリスト教学校といえども、このような一般的趨勢に無縁であることができない現状があった。しかし、キリスト教学校は、生徒・学生たちが生活している社会において何が欠けているのか、生徒・学生の生き方にとって何が不足しているのかを見つけ出して、それに対応する「新しいミッション」を語る教育を打ち出していくときにきていた。どのような生徒・学生を入学させ、どのような教育をしようとするのか。入学の基準、方法やカリキュラムに関してキリスト教教育の視点からの、もっとユニークなあり方が検討される時期がきていた。

キリスト教学校は、他の私学では果たせない教育、世の価値観と違う別の可能性を示す使命がなければならなかった。齋藤先生の言われた「競争原理、受験体制から大胆におりる」ことや、熊沢先生が指摘された「はみ出す勇気」、岡本道雄先生の「新しい人間教育の視点として異質なるものを許容する」提言に本気で取り組む気概が持てるかどうか問われていたのではないだろうか。

二つ目の分岐点は、二〇〇六年の「教育基本法の改訂」である。ある意味で戦後最大の教育の危機と言ってもよい大きな問題であった。

同盟はもとより各法人で真剣な議論が行われたが、結局同盟の一〇三法人の中、反対の声明を発したのは極めて少数であった。同盟としても何らかの声明を公にすべきではないかと私は理事会に意見を述べたが、その意見は理解を得られなかった。

信教の自由が侵害される危惧を覚えた私は、せめて勤務する学校法人の理事会において何らかの声明を出すべきと訴え、理事会の了承を取り付けて「教育基本法改正に反対する声明文」を出すことができた。

一九四七年に制定された「教育基本法」は、「教育勅語」に代わるものとして、「日本国憲法」の理念を教育に具現化していくもので、「日本国憲法」と一体不可分の、準憲法的性格を有するものであった。「教育基本法の改訂」には、「我が国と郷土を愛する態度」の養成があり、愛国心をいかに養うかに重点が置かれ、全体的に「公」を重視した内容であった。また、同時に成立した「教育三法」により、教育行政の学校現場への介入が容易になり、教育委員会の私学への助言も可能になった。それは私学の教育の独自性を脅かすものであった。

社会のニーズに応える、役立つ人間をつくっていくという教育の在り方に対して、キリスト教学校は無批判であってはならなかった。キリスト教学校の教育が根本から問われている中で「新しいミッション」を提示していかなければならなかった。民主主義の中に隠されているさまざまな矛盾、すべてがコンピューター化されていく時代にあって人間を大切にするという発想がキリスト教学校から生まれてくるべきであった。文部省が打ち出してくる教育の方針などを考えると、どうしてもこれからの教育はどうあらねばならないか問われていたように思われてならない。

キリスト教的な教養と品性をもって人格形成をしていくという教育に対して、非人間化が進んでいる社会状況の中で本当の意味で成熟した人間を育成する「新しいミッション」を発信していかなくてはならなかったと思う。よい意味での世俗性を成就する人間、そこにおいてこそ、社会の矛盾に抵抗できるような自覚的な人間が生まれていくのではないだろうか。

キリスト教には本来、国家の権力に対して否定的なモメントがあったように思う。国家の権力が巨大化していくことにプロテストしていく精神がキリスト教の根本にあったと思う。プロテスタントは宗教改革の中で国家に対する教会の自立を主張してきたはずである。キリスト教学校は、そのような持ち味を社会の中で発揮していかねばならなかったと思う。先輩たちが苦闘しながらも前向きにとらえた課題に学んでいかねばならない。

二、今、考えなければならない課題

元神戸女学院大学教授の内田樹(うちだたつる)氏が『最終講義』(技術評論社、二〇一一年。文春文庫、二〇一五年)という本の中で、神戸女学院が一八七五(明治八)年にアメリカン・ボードから派遣された二人の宣教師によって創立されたことに触れておられる。

最初の生徒は七人だったそうだ。内田氏はその話を聞いて「その最初に入った七人の女の子たちは何を考えていたのだろう」と思われたようである。最初に、海のものとも山のものともつかない小さい学校に通いたいと言った七人の少女たちは、いったい何に引きつけられたのだろうかということを考えさせられたそうだ。これは内田氏が想像されたことであるが、次のように述べておられる。

「間違いなくなんだかよくわからないけれども、あの学校へ行きたいと感じたのだろうということである。お父さんの袖を引っ張って『お父さん、山本通りにできた、アメリカ人の女の人がオルガンを弾いている学校に行きたいのですけど』と言うと、『ああ、おまえがそうしたいなら、そうしなさい』という気楽なお父さんたちが何人かいて、そういう人たちのおかげで初期の学生たちが集まってきた。それからどんどん集まってきた。何を習っているのかわからないけれど、楽しそうに通っている。スキップしながら通っている。ワクワク感のようなものがあって、その学生たちの楽しそうなオーラを感じた小さな女子たちが、私も大きくなったらあの学校に行きたいと思うようになってきた」。

何をしているかわからない学校でも、そこに集まった子どもたちが何か輝いている。それが大切なのだ、と内田氏は言われ、「ミッション・スクールはミッションの旗印を明確にしてほしい」と結んでおられた。

二人の宣教師の働き、そこに集まった七人の生徒たちのワクワク感、そういったものによって、神戸女学院が創られていったと言えるのではないか。内田氏はそう述べておられるが、同様のことは、同盟に所属するすべてのキリスト教学校についても言えることではないかと思わされた。

同盟に所属しているキリスト教学校も創立の頃は、なんとも言えないワクワク感を感じて、スキップしながら来たかどうかはわからないが、何か引きつけられる魅力を感じて子どもたちが集まってきたのではないだろうか。キリスト教学校は創立者の祈り、情熱があって子どもたちが集まり、その地域に根づくようになったのだと思っている。

現在、同盟に所属するわれわれの学校は、創立当時の熱い思いを語り、教え、伝えていく役割を担っている。現在果たしてわれわれの学校に創立時のようなワクワク感があふれているのだろうか、今日的課題として考えてみなくてはならない。

さらに内田氏は、「ミッションスクールの教育は市場のニーズとはかかわりのないところから始まった。『何かを教えてほしい』という需要が先にあるのではなく、『何かを教えたい』という欲求が先にあったから建学された」と述べておられる。効率や合理性優先の教育に対して警鐘を鳴らしておられる。

最近、寺島実郎氏の『人間と宗教　あるいは日本人の心の基軸』（岩波書店、二〇二一年）という著書を読み、キリスト教の普及にはまだ十分な余地が残されていると励まされた。

寺島氏は三井物産の社員時代を含めて一〇〇以上の国々を歴訪して得た諸情報と経験を基軸に、近年解明された宇宙科学・物理・医学などを精緻に調査・研究・考察して、世界の政治、経済、文化、思想などについて、高い視座と強い向学心、探求心から地球・世界的レベルで「全体知」を語れる日本では貴重な存在の一人であると感じていたが、本書はその期待を満たす内容であった。

特に七章の「現代日本人の心の所在地」では、現代日本の宗教人口が文化庁の平成三〇年版の宗教年鑑によると仏教信徒八五三三万人、神道信徒八六一七万人、キリスト教信徒一九二万人、その他の宗教信徒七七四万人、合計一億八一一六万人と報告されている。一方、NHKの調査によると、三一％が何も信じていない、精神的には無神論者が増加している。しかし、日本人の深層底流には「仏教・神道・儒教」の習合、複合ともいうべき価値観が残っている。寺島氏自身もその一人であると記している。

さらに寺島氏は、戦後の日本人は経済の繁益に特化して邁進（まいしん）した。まさに松下幸之助の提唱するPHP（豊かさに通じた平和と幸福）を受け容れて、また、自信を取り戻すために、司馬遼太郎の『坂の上の雲』を熟読した。しかし、現在では、経済主義の行き詰まりが生じ、閉塞感に襲われている状況にある。心の再生こそが求められている。国家神道への回帰を求める天皇を主権とする思想、即ち、極端な国家神道に走ることは危険である、と述べておられる。そして、敗戦後に失われた日本らしさを取り戻すことも大事であるが、問われているのは、新たなレジエンス、心の耐久力が試されていると結んでおられた。

私も寺島氏が指摘しているように多くの日本人の宗教観は、先祖代々の影響を受けて「やや仏の意識の濃い仏教・神道・儒教」が複合しているように思う。しかも大多数の日本人は、キリスト教に関しても抵抗感なく受容しているように感じる。信じる宗教は異なっていても、日本人の心の深層には他者への寛容な態度、相互理解があるように感じる。その意味でもわれわれの学校が人類の平和を求める日本人の心を惹きつけていく魅力のある教育を提供していく必要があるのではないだろうか。キリスト教学校は、日本社会に欠落しているキリスト教に基づく人間観、世界観、倫理観を社会に提供していく使命があることを自覚するべきである。

本当にイエスが「キリスト教学校を日本に残せ」と言われるのならば、その声が聞こえるのならば、昔の宣教師が聞いた、というのではなく、現在のわれわれの学校の責任者がそのことを明確に把握しなければならない。

かつてのわれわれの先輩たちが欧米文化の伝達に特化したのは、一つの戦略・戦術であった。それがいつの間にか、その戦略が目的化してしまった。欧米文化の伝達ということは、世界史の中でその意義を把握するべきことなのである。

現在の日本という社会状況の中で新たな戦略・戦術を見出していくことだと思う。その戦略・戦術とは、小手先のことではなく、一からやり直していく戦略・戦術でなければならないのだと思う。その戦略・戦術はそれぞれの学校が置かれている場所で地域に根ざしたものでなければならない。各学校はそれぞれの為すべき課題を明確にしていかねばならない。どのような戦略・戦術を打ち出せるかそれぞれのキリスト教学校の立脚点はこれ以外にはないと思う。

明治の初めにはるばる欧米から異教の地日本で宣教し、骨を埋めた宣教師たちの志を無にしないためにも、われわれの学校の果たすべき役割は道半ばと言えるのではないだろうか。

三、将来への課題・対応を考える

イエス・キリストの名によって建てられているわれわれの学校は、礼拝において神との交わりに共に与る教職員、生徒・学生の交わりを基盤として成り立っている教育共同体である。今日大きな曲がり角に立たされている学校現場で、さまざまな不祥事が相次ぐ現状を、いかにして再生させるかが緊急の課題となっている。

しかし、どんなに制度を改革し、モラルの低下を正し、学力の向上を図ってみても、われわれの学校の教育は、教職員と生徒・学生、教職員同士が互いに励ましあって向上する、心のつながりがなければ成り立たない。温かい心の通じ合う教育共同体の形成を図ることを何より優先させねばならない。

現代の科学文明の急速な進歩と知識の増大は、人間の生活に大きな恩恵を齎したが、それに伴う時代の急激な変化に適応するため、現代人は激しい競争に巻き込まれて心のゆとりをなくし、自分の居場所を見失い、お互いを結ぶきずなも弱くなって、不信感、孤独感を深めているのではないだろうか。

われわれの現場もまた、高度の知識や技術の学習に追われてゆとりがなく、生徒・学生も勤務員も互いに孤立しがちで、悩みや課題を共有することが難しくなっているように感じる。「知識は人を高ぶらせる」（Ⅰコリント八・一）というパウロの言葉のように、人の手による知識によって何でもできるという思い上がり、神を畏れる謙遜さを失い、科学技術の成果を偶像化して、これを利己的な欲望を満たすために用いようとして、互いに醜い争いを続けている現実がある。豊かさの中で、享楽にうさを晴らしながら、自分を見失い、隣人にも心を開くことができず、むなしさと孤独感に苦しむ現代人の心の底には、知識を誇り、神を蔑ろにした苦しみがある。

それゆえに、今日のわれわれの学校は、礼拝を中心とする教育共同体の形成によってはじめて、自らの存在理由を明確にし、混迷を深める日本の学校教育に再生の道を示すことができるのではないだろうか。言うまでもなく、この取り組みは、個々の学校だけではなく、同盟に所属する学校が相互に連携を深め、課題を共有し共に担うことによって有効に進めてゆける。

現代のキリスト教学校は、世俗化、大衆化、情報化の中であまりにも「一般学校化」してしまったところに一番の問題があるように感じている。かつてのキリスト教学校は、体制からはみ出した教育、言葉を変えていえば「体制外教育」に特色があった。しかし現在は「体制内の教育」に組み入れられ、一般的には豊かな社会の中で豊かな学校になっているように思われる。

たとえば横浜共立学園を創立した三人の女性宣教師には、一生を日本という他国の教育のために捧げた情熱やエネルギーが見られたが、今日これに代わる教育的情熱やエネルギーは、キリスト教学校の中に見られるだろうか。いわゆるキリスト教学校の活性化の鍵になるのは、もう一度、われわれが自分の勤務する学校の創立の意図、建学の理念を自覚的に受け止めることではないかと思う。とりあえず、「創立の意図」や「建学の理念」の拠り所となっている聖書の教えはどこにあるのかを考えてみることから始めたらどうだろうか。

「建学の精神」が、分かりやすい言葉で表現されているか、また自分の言葉で分かりやすく語ることができるか、職場内でスクールモットー、スローガン、ミッションステートメントなどが共有されているか話し合ってみたらどうだろうか。学校のめざす教育の対象となる生徒・学生の実情をわれわれは互いに理解し合っているだろうか。

われわれ学校の「学校らしさ」あるいは「独自色」を醸し出しているのは誰なのか考えてみたことがあるだろうか。その「学校らしさ」とは、理事会や管理職の人たちだけによって生み出されるものではない。すべての勤務員が日々の生活の中で共に大切にしてきたことが、伝統となり、歴史となり、その「学校らしさ」を生み出していくのではないだろうか。それはキリスト者かそうでないか、熟達したベテランか新任勤務員かという小さな枠では収まりきらない、その学校が大切にしてきたものを自分の持ち場で担い直した者たちが、学校の「建学の精神」を継承していくことができるのではないだろうか。そのことによってキリスト教学校の活性化が可能になっていくのではないかと思っている。

「イエスの十字架の死」で終わらない「イエスの復活の希望」を示すということが、われわれの学校に勤務する者の根底にあってほしいと願わずにはおられない。

「わたしたちは、四方から苦しめられても行き詰まらず、途方に暮れても失望せず、虐げられても見捨てられず、打ち倒されても滅ぼされない」（Ⅱコリント四・八～九）。

われわれが教育に携わるなかで徒労に思われるような場面に突然襲われることがある。そんな中で思い起こし、かみしめる一つがこの聖書の言葉ではないかと思う。

イエス・キリストの名によって建てられたわれわれの学校にはそれぞれの歴史があり、地域性があり、個性がある。この事実は各学校のそれぞれの自立を物語っている。しかし、キリスト教学校の自立は孤立を意味するのではない。生命の種を蒔く働きには共有できる要素が数限りなくある。われわれの学校は課題と喜びを共有することによって絶えず孤立を克服できる。

同盟の役割の一つとして、キリスト教教育の課題と喜びを共有しあう場の提供があるならば、それぞれの独自性を生かしつつ共に歩んでいくことができる。特に地方で苦闘している学校に、同盟は後方支援となる具体的な指針を示すべきである。

一体、神さまは、私たちに何をなされようとしておられるのだろうか。ここに集められたキリスト教学校が存在することによって、それが契機となりキリスト教に関心を持つ人が生まれていく。そして、またその人たちが五〇倍、一〇〇倍の実を結ぶということが実際に起こってきたことを歴史は証明している。

終わりに、渡辺和子氏の言葉を引用すれば、大事なのは「置かれた場所で花を咲かせる」ことではないだろうか（『置かれた場所で咲きなさい』幻冬舎、二〇一二年）。それぞれの学校に託された場で生命の種を蒔いていくことである。その働きは時に混迷の中に陥るかも知れない。しかし、生命の種がキリスト教学校を勇気と希望の共有へと導いてくれるはずである。励まされつつ共に生命の種を蒔いていこうではありませんか。

（二〇二二年六月三日　第一一〇回キリスト教学校教育同盟総会における講演）

聖書一ロレッスンの聖書個所（※算用数字はページを表す）

あとがき

ある日、横浜市藤が丘のイタリア料理店で和田道雄氏が突然、「先生、聖書の一口レッスンの続編を本にしましょう」と言われた。

『老教師の聖書レッスン――世の荒波を超えて』の時も、私の知らぬ間に周りの人たちのご尽力により出版ということに相成った。今回も私が躊躇している間に和田氏は原稿を整理され、あれよあれよという間に教文館に話をし、ついに出版まで段取りを付けられた。牧師の他にも重職を担っておられる和田氏の情熱がなければ、この本は実現しなかったと言える。本書が刊行にこぎつけることができたのは、偏に和田氏のご尽力の賜物であり、言葉にできぬ感謝の気持ちでいっぱいである。活字離れの時代にこのような拙い内容の本が一人でも多くの方の目に届くことができれば望外の喜びである。

刊行される時の「まえがき」は、キリスト教学校教育同盟理事長の西原廉太先生に頼もうと心に決めていた。なぜならば私と同盟のかかわりは四〇年にもなり、同盟の同志たちとの交わりが、キリスト教教育への情熱と意欲を駆り立て、一人の教師として訓練を受けてきたからである。私はキリスト教学校が好きだとしか言いようがない。好きだというのはキリスト教学校に対して大きな期待を持っているからだ。キリスト教学校が持っている可能性は大きいのだが、それがまだ十分に発揮されていないもどかしさを感じている。そして、キリスト教学校が日本の社会の中で役割を果たすのはこれからだと思っている。「まえがき」を快くお引き受けくださった西原廉太先生には心から感謝を申し上げたい。

今年三月八日、妻の実希子が意識を失い、救急車で病院に搬送され、即座に入院という予期せぬ出来事が起こった。ＭＲＡなどの検査を受け、医師から「症候性てんかん」と宣告を受けた。医師は、いつ「てんかん」の発作が起こるかもしれないので命の危険との勝負だと言われた。幸いに実希子の生命力と忍耐強さでケア棟の生活を続けることができた。この間、多くの医療スタッフ、介護スタッフのサポートを得ることで私も実希子も厳しい試練を乗り切ることができたように思う。絶体絶命のピンチにも実希子は明るく振る舞い、ともすればくじけそうになる私を励ましてくれた。重篤の患者から支えられるという逆転現象が起こっていたのである。

一一月二一日早朝、ケア棟のスタッフから「奥様の呼吸が停止している」との知らせを受け急いで駆けつけた。午前三時六分、実希子の手を握り、頬をさすると温もりが伝わってきた。いつまでもこの温もりがあるように祈ったが、医師から死亡宣告を告げられ、主のみもとに旅立ったことを覚悟した。本書の刊行には実希子の力も働いていたと読者のみなさんに申し述べることをお許しいただきたい。本書が、妻への「レクイエム」として認めていただければ無上の喜びである。本書は、ある種の危機と苦難の中から生みだされたと言ってもよい。

「風のように変わりやすい教えに、もてあそばれたり、引き回されたりすることなく、むしろ、愛に根ざして真理を語り、あらゆる面で、頭であるキリストに向かって成長していきます」（エフェソ四・一四～一五）とあるように、世の荒波に翻弄されるのでなく、それぞれの「建学の理念」を堅く守って、イエス・キリストに向かって成長していくキリスト教学校であって欲しいと願う。そうでなければキリスト教学校は何のために尊い教育を委託されているのかわからないではないか。

最後に、教文館社長渡部満氏に出版にあたり多大のご配慮をいただいたこと、また、編集にあたってくださった髙橋真人氏をはじめとする関係諸氏に心からの感謝を申し上げたい。

二〇二二年一二月三〇日記す

平塚敬一

《著者紹介》

平塚敬一（ひらつか・けいいち）

1939年鹿児島県生まれ。立教大学文学部史学科卒業、東京都立大学大学院人文科学研究科修士課程修了。関東学院中学校高等学校・定時制高等学校校長、横浜学院学院長、立教女学院理事長・中学校高等学校校長、関東学院人間環境学部・法学部講師、横浜共立学園常務理事などを歴任。現在、捜真学院評議員。

その他、キリスト教学校教育同盟常任理事（教育研究担当）、全国高等学校長協会常務理事・監事、神奈川県青少年問題審議会委員、神奈川県私立学校審議会委員、神奈川県私立中学高等学校協会理事・評議員、神奈川県高等学校文化連盟副会長、神奈川県定時制通信制高等学校校長会会長、神奈川県高等学校体育連盟少林寺拳法専門部長なども務める。

著書 『神によりてやすし――平塚勇之助自伝』（編著、ヨルダン社、1989年）、『立教女学院「草創期の人たちの物語」』（共著、立教女学院、2007年）、『時代を見据えて――キリスト教学校教育の将来は』（聖公会出版、2011年）、『老教師の聖書レッスン――世の荒波を超えて』（小学館スクウェア、2019年）ほか。

日本音楽著作権協会（出）許諾第2304461-301号

凛（りん）として生（い）きる――キリスト教教育に魅せられて

2023年7月20日　初版発行

著　者　平塚敬一
発行者　渡部　満
発行所　株式会社　教文館
〒104-0061　東京都中央区銀座4-5-1
電話 03(3561)5549　FAX 03(5250)5107
URL http://www.kyobunkwan.co.jp/publishing/
印刷所　株式会社　平河工業社

配給元　日キ販　〒162-0814　東京都新宿区新小川町9-1
電話 03(3260)5670　FAX 03(3260)5637

ISBN 978-4-7642-6174-7　Printed in Japan